JN273425

絵が語る

知らなかった江戸のくらし〈諸国街道の巻〉

本田 豊 著

発行＝遊子館

装幀・中村豪志

はしがき

電気製品というのは、かなり仲良しらしい。この「知らなかった江戸のくらし」シリーズの最終巻「諸国街道の巻」を書いていたときに、まず十年使っていたパソコンが壊れ、電源が入らなくなった。それで別のパソコンを購入したら、今度はプリンターが壊れてまったく動かなくなり、プリンターも調達するはめになった。パソコンの前には電話機が壊れたために、何日か電話は不通だった。そんなことがあり、今度の巻は原稿が遅れたが、その間に史料の検討を少し余分に出来たのは不幸中の幸いだった。

この「諸国街道の巻」で、江戸時代の検討からはお別れするが、次には「明治編」を何冊か書きたいと思っている。幕末から明治へと大きな転換を経た歴史の中で、さまざまな人々のくらしの変化を明らかにしたいと考えているからである。

前著の「農山漁民の巻」を読んだ何人かの人たちから、「ああ、そうそう昔はこういうくらし方だった」「懐かしさを覚える内容だった」という便りをいただいた。そのような読み方をされることは、こちらも予想していたが、やはり、と思って嬉しくなった。一九六〇年頃までの農山漁村での生活を少しでも知っている方ならば、思い当たる内容があるはずと思って原稿を書いた記憶がある。それだけに、間違ったことは書けないな、という緊張感も当然あった。

いままでの三巻では、漁村のくらしについてはあまり書いていない。今回の「諸国街道の巻」では、そのあたりを補わなくてはと考えて、本書を執筆するなかで、漁村・漁民についてもなるべく触れるようにした。しかし、高知の漁村や漁民、和歌山の漁業に関する史料、北陸関係の史料はかなりあるはずなのだが、私事ながら、まだ引越し荷物が片付いていないから、必要な史料がなかなか見つからないことも多かった。この「知らなかった江戸のくらし」シリーズでは、あるはずなのに利用できなかった史料がたくさんある。史料というものは、必要な時には見つからなくて、必要がなくなったころに見つかるものらしい。

それでも、本書『知らなかった江戸のくらし〈諸国街道の巻〉』では、絵図を通して、北海道から琉球（沖縄）の諸国を、絵図の中の人々と対話をしながら、それぞれの地域ならではの「くらし」の機微と文化に触れることができた。読者の方々が、本書で江戸時代の諸国の見聞旅行を楽しまれ、私たちの先達の生《なま》のくらしを体験していただき、地域の文化の重要性を理解していただければ幸いと思っている。

このシリーズ四冊には一〇〇〇点を超える絵図が収録されている。本書は江戸時代の人々のくらしを復元する図像史料としても利用していただけると思う。

最後に、このシリーズの原稿を書くきっかけを提案して下さった渡辺陸さんと佐野立江さん、漁村・漁民に関する史料など、たくさんの参考文献や史料の提供をいただいた堀池眞一さんと角田律子さん、いつも励ましをいただいた柴田先生ご夫妻、それぞれの皆さまに感謝を申し上げたい。

さらに史料調査や助言をいただいた遊子館の遠藤茂社長をはじめ、編集部のみなさんにはめんどうな編集作業で大変にお世話になった。記してお礼にかえさせていただきたいと考えている。

二〇〇九年九月

本田　豊

絵が語る　知らなかった江戸のくらし〈諸国街道の巻〉　目次

第1章　東日本のくらし

第2章　西日本のくらし

第3章　都市と村のくらし

凡　例

1　本書は、江戸時代の諸国のくらしについて、現代人の理解が史実と異なっている点に注目し、往時の歴史絵を読み解きながら江戸時代の諸国の人々の実生活を解説したものである。
2　構成は、第1章「東日本のくらし」第2章「西日本のくらし」第3章「都市と村のくらし」とし、諸国の配列は原稿のテーマに応じて、おおむね北海道、東山道、北陸道、東海道、畿内、山陰道、山陽道、南海道、西海道の旧国名順とした。
3　歴史絵の出典は、それぞれの絵に添えた。頻出する歴史絵の刊行年などについては割愛したものもある。
4　漢字表記は、原則として常用漢字を用い、それ以外のものは旧字体を用いた。送りがなは現代仮名遣いとした。

協力者

国立国会図書館、笹間良彦、笹間由紀子

第1章　東日本のくらし

アイヌの人々も伊勢参りをしていた

北海道（蝦夷）

民俗学者の宮本常一さんの生家は、周防大島《すおう》で「善根宿《ぜんごんやど》」といわれた民間の宿泊施設を営んでいた。おもに四国遍路をする人々や女相撲などの大道芸人を無料で宿泊させた。中世になると全国各地の有名な寺社詣でをする人々が多くなり、そのような人々を相手にした寺院の宿泊施設がみられるようになった。そうした寺院は、朝鮮からきた使節が「日本の寺院はまるで宿屋だ」と書いているように、旅行者の宿泊料金を目当てにしていたのである。無料施設というわけではなかった。

江戸時代になると、よく知られているように五街道が整備され、しだいに主要な地方道も整備されるようになった。一生に一度は伊勢参りをするのが庶民の夢ともなったが、その夢は実現可能な夢だった。今ではおもに北海道に居住しているアイヌの人々も、伊勢参りに行っていたという記録がある。菅江真澄《すがえますみ》が書いた記録に、「二十年あまりまえ、アイヌ人がかみひげそり、しゃも（日本人のこと）にまじって伊勢へまいり、岡崎六供坊《ろっくぼう》の寺にとまったことがある」とある。アイヌ人も伊勢参りの旅をしていたのである。菅江真澄は、寛政元（一七八九）年に北海道へわたって、アイヌの集落を訪れているからこのような記録を残したのであろう。アイヌ民族も、日本人と同様に、本州の名所旧跡巡りをしていたらしいことが、こうした記録からわかるのである。しかも、今でも一般的なアイヌの人々に対するイメージである長い髪の毛と髭をそって旅をしたというのである。これらの絵（図1〜5）は、江戸の昔の人々の、北海道の風土とアイヌ民族のくらしに対するイメージをよく表現しているといえよう。

1　東夷（蝦夷人）・南蛮・呂宋（るそん〈フィリピン〉）（『頭書増補訓蒙図彙大成』寛政1〔1789〕年）

2　蝦夷富士の異称のある志利辺津山（羊蹄山の旧称。北海道後志支庁）（『日本名山図会』谷文晁画、文化9〔1812〕年）

3　海狗（オットセイ）（『頭書増補訓蒙図彙大成』寛政１〔1789〕年）

4　蝦夷人膃肭（おつとつ）を捕る（『日本山海名産図会』蔀関月画、天保11〔1840〕年）

同図会には「膃肭獣　これ松前の産物とはいへども、蝦夷地ヲシヤマンべといふ所にて採るなり。寒中三十日より二月に及ぶ。されども春の物は塩の利（きき）あしきときとて、貢献必ず寒中の物をよしとす。……海獺（かいたつ）・海狗一名とはすれども、これ種類の惣名なるべし」とある。

5　運上屋（『日本山海名産図会』）

同図会には「蝦夷地に運上屋といひて、松前より七、八十里東北にあり。……この運上屋は、松前・奥州・近江など、その外商人の出店ありて、先づ松前より有司下り、その交易を校監す。日本より渡す物は、米・塩・麹・古手・たばこ・器物等にて、刃物はなし。また蝦夷の産は、海狗・膃肭・熊・同胆・鹿の皮・鱈・鮭・昆布・鮑・鱒・ニシン・数の子等なり」とある。

領主が当てにならなかったから紅花《べにばな》の栽培面積が拡大した

東山道〈羽後〈山形〉〉

山形には、「本間様には及びもせぬが　せめてなりたや殿様に」といわれた日本一の巨大地主であった本間家がある。江戸時代の最上平野では、紅花（図1〜6）が栽培され、全国的に有名だった。庄内藩には、江戸時代初期の元和八（一六二二）年、酒井忠勝が十四万石の領主として入部した。しかし藩の実高《じつだか》は当時でも四十万石といわれたのである。その庄内藩は、酒井忠勝の入部後に行った検地で、いきなり五万石余の年貢増徴政策をとり、農民が秋田藩領に集団で逃散《ちょうさん》する事件が起きている。

紅花は、江戸時代には染料や薬用に利用されただけではなく、種子からは紅花油がとれた。紅花油はコレステロールを減少させる効果があるとされ、美容や動脈硬化の予防に効果があるといわれる。このような効能は近年わかってきたことであるが、江戸時代にも塗料や食用、薬用に利用された。一部は北前船で京都に運ばれ、紅として加工され、化粧品や画材、染料にも利用された。

紅花が栽培されるようになった背景には、「紅花の最上」といわれた最上地方の支配形態が関係しているようだ。それというのも、最上地方は戦国時代の覇者である最上義光が亡くなった後、御家《おいえ》そのものが騒動を繰り返し、最後には「改易」処分となったのである。当時五七万石といわれた御家が無くなった。その後は領主の交代が繰り返され、幕末にはわずかに五万石となった。

その間、農民は領主の交代が相次いだことから、しだいに自立化の傾向を強め、米作りを主体とする農業から、商品作物の栽培へと転換していったとみられるのである。

1　紅花染（『農稼業事』大蔵永常、天保1〔1830〕年）

紅花染は、紅花を水に浸して黄色汁を除き、灰汁をかけ紅を採り、梅酢をさして木綿を染める。紅粉を採るには、木綿に包んだ餅紅花（紅花を乾燥させて餅状にしたもの）に灰汁をかけ、器に紅を落し、梅酢を混ぜて羽二重に流して灰汁を抜き、残った紅を匙ですくいとる。

2　灰汁をかけて紅を採る。紅が可溶性となる

3　梅酢を加えて発色させ染める

4　餅紅花に灰汁をかける

5　梅酢をかけて羽二重に流し紅を採る

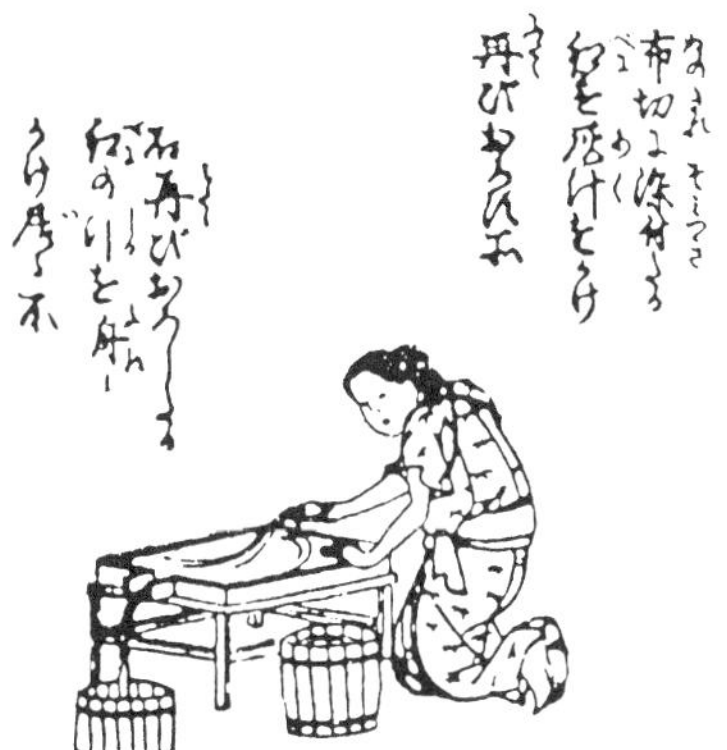

6　紅舟に羽二重を置き、さらに紅を採る

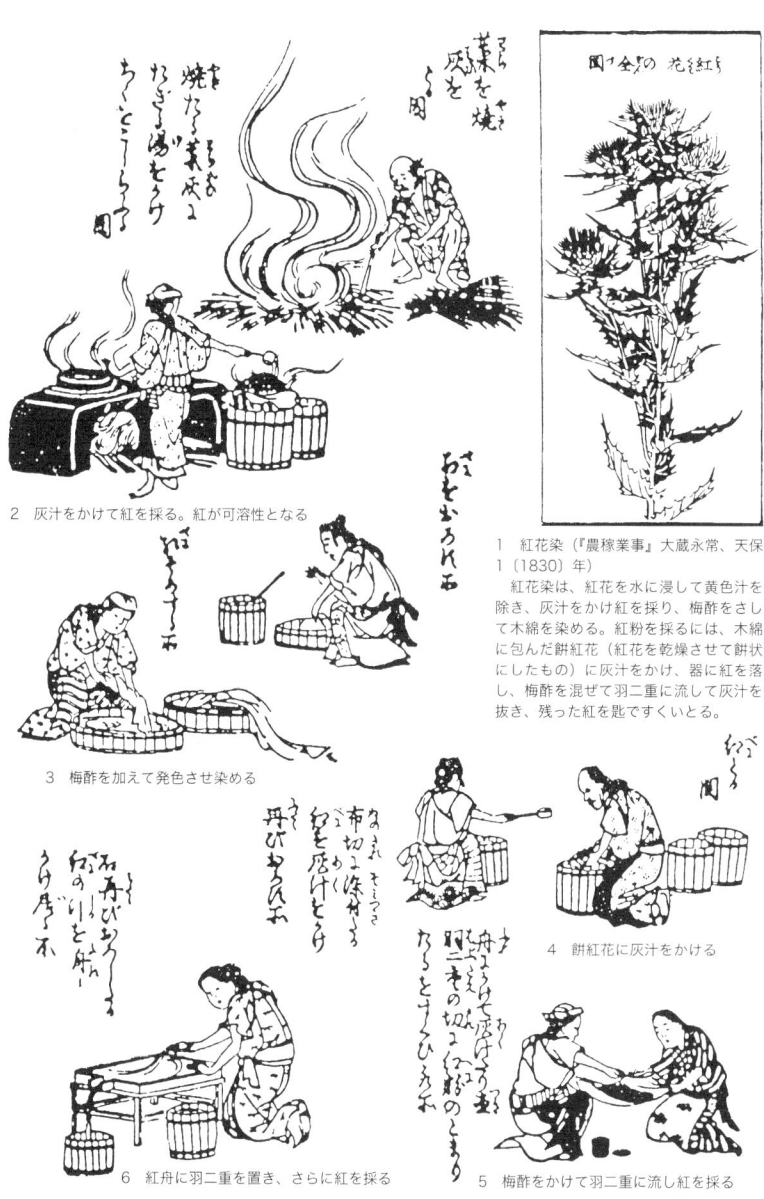

源義経＝ジンギスカン説は、明治になってから創られた

東山道〈陸中〈岩手〉・陸前〈宮城〉〉

「判官贔屓《ほうがんびいき》」という言葉がある。よく知られているように、源頼朝に追われた義経（図1・2）のような不遇の英雄に、世間が同情して贔屓したことからいわれるようになった。判官そのものは、検非違使《けびいし》の尉《じょう》という役職名である。

義経が奥州平泉に逃げたという説を唱えているのは『義経記《ぎけいき》』だけである。奥州各地には『義経記』に登場する金売り吉次にちなむ「吉次街道」とか、奥州の覇者・藤原秀衡《ふじわらのひでひら》の名前をとった「秀衡街道」とか呼ばれている街道がある。その街道は、のちの奥州街道よりはるかに西側の山際を走っている。この街道は江戸時代の「上街道」の前身なのだが、上街道は吉次街道などとはかならずしも路線が重ならない。

義経は、平泉に逃れた後に文治五（一一八九）年閏四月、藤原泰衡に館を急襲され、自害したといわれている。しかし、義経伝承はこれでは終わらない。館で自害したのは義経の影武者の「杉目行信」であったといい、義経本人は急襲される一年前に蝦夷に逃げていたというのである。その説を裏付けるかのように、岩手県の各地には義経伝承が残っている。それらの伝承地には判官堂とか判官神社、弁慶屋敷、八幡神社などの史跡がある。義経一行は現在の青森県八戸市や十三湊《とさみなと》などを抜けて、蝦夷が島に渡ったのだというのである。その逃避行の間に、愛馬を葬ったり、納経をしたり、鎧《よろい》・兜《かぶと》・鐙《あぶみ》・笈《おい》などの遺品を残したのだという。明治になると、義経逃避行はさらに拡大して、大陸に渡りジンギスカンになって活躍したという話になってゆく。これはわが国の侵略思想が招いた伝承であるとみて間違いない。

1　富士川出陣での頼朝と義経の対面（『東海道名所図会』竹原信繁画、寛政９〔1797〕年）

3　源義経の側室静御前（『二十四輩順拝図会』、享和三〔一八〇三〕年）

2　源義経（『集古十種』松平定信、寛政12〔1800〕年）

日光は江戸城の鬼門除けとされたという説がある

東山道（下野〈栃木〉）

ほとんどの戦国大名は、戦さにあたっても、普段の生活においても神仏の加護を祈り、占いや方位にはことのほか神経を使ったといわれる。江戸に幕府を開いた徳川家康（図1）には、天海僧正（図2）という相談役がいた。天海というのは、家康の知恵袋の一人であった。家康の亡き後も秀忠・家光を補佐して、幕府の基礎を築くのに力を尽くした。

天海は天文五（一五三六）年に会津で生まれたというが不祥である。寛永元（一六二四）年に江戸・上野に寛永寺を開山したが、この寺は江戸城の鬼門を護る寺であった。その後、江戸の町の発展と共に、日光が鬼門除けとされたらしい。天海が日光山（図4）を再興したのは、その北にある大藩の伊達藩に対する備えでもあった。伊達藩は、石高と水産資源を合わせると、百万石に匹敵するといわれた。

日光には、東照宮（図3）や陽明門などの絢爛《けんらん》たる建物がたくさん作られた。この日光には、東照宮が落成された元和三（一六一七）年に始まる例幣使《れいへいし》の制度がある。例幣使というのは、東照宮の祭りに京都の朝廷から派遣された使節のことである。その使節の通った街道が「日光例幣使街道」である。例幣使街道は中山道の倉賀野宿（現在の群馬県高崎市）から始まり、栃木・鹿沼・今市を経て日光に達している。この街道を守っていた長吏《ちょうり》村は、それぞれの宿場に置かれていたが、かなり規模が大きい。倉賀野や佐野、鹿沼、今市の長吏村は、当時から東日本では有数の規模を誇っていた。日光にも町の入口に長吏町が作られていて、日光山全域の警備や治安維持にあたり、犯罪人の探索や処刑役を担っていた。

1　徳川家康（模写）（『大日本名家肖像集』1921 年）

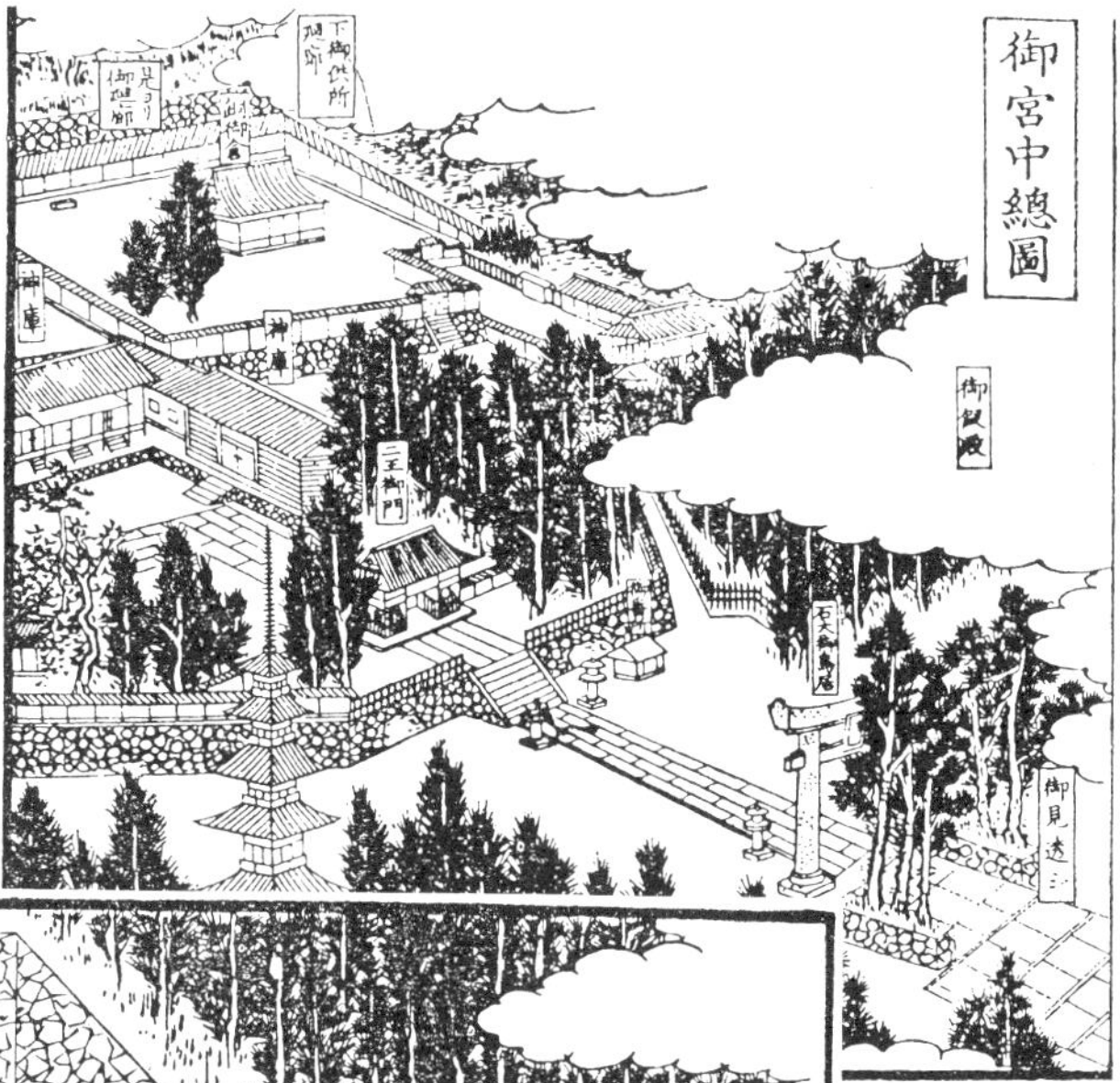

2　天海（『国史肖像集』1941 年）
江戸前期の天台宗の僧。武田信玄、徳川三代の将軍の帰依を得た。東叡山寛永寺を創建。

3　日光東照宮（上・下図）（『日光山志』天保 8〔1837〕年）

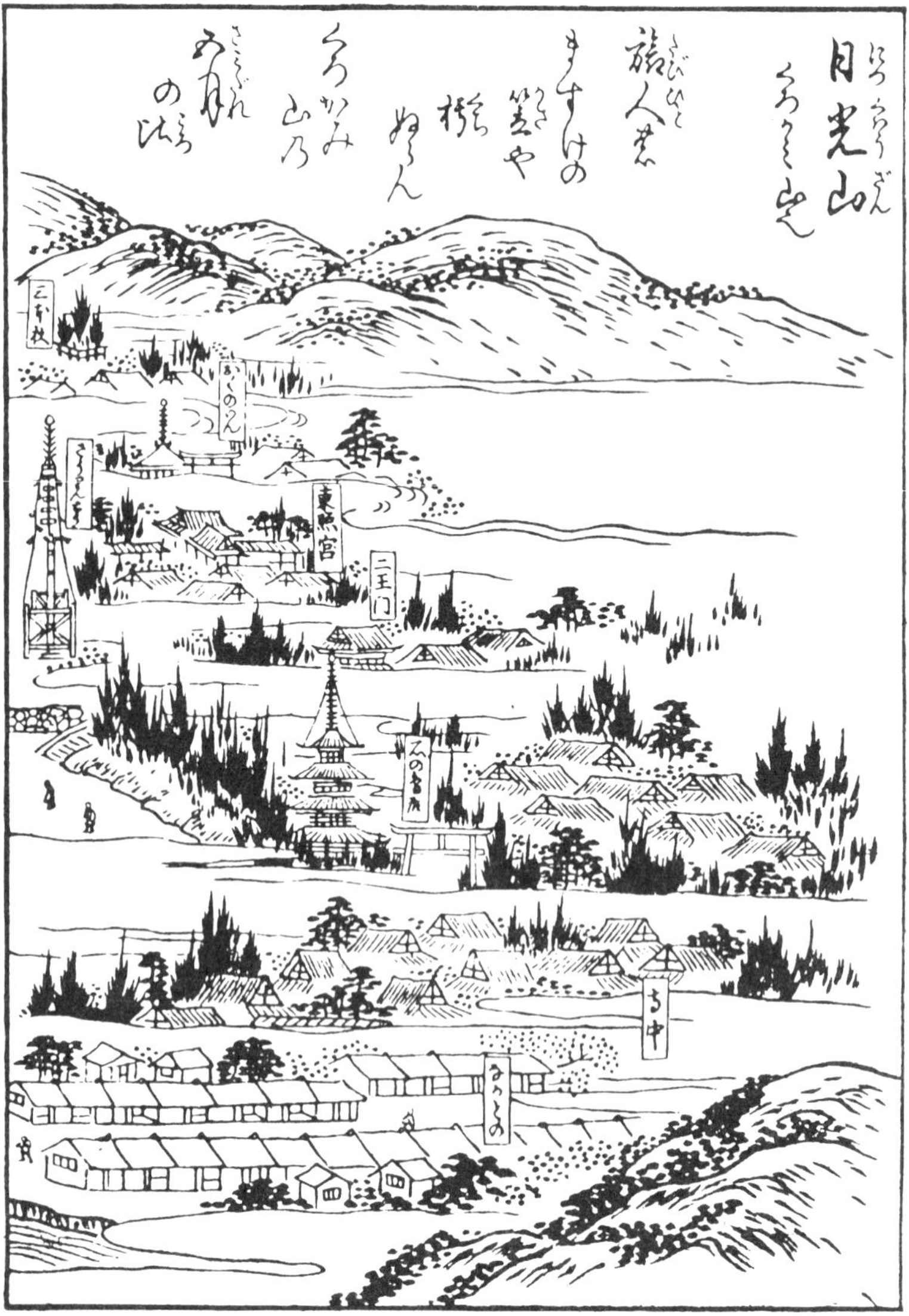

五里、東西三里、中ぜんじ池のまはり十里、坊舎百八軒有り」とある。

4　日光山（『東国名勝志』月岡雪鼎画、寛政期（1789～1801年）前後）　図中には「日光山（くろかみ山なり）旅人のますげの笠や朽ちぬらんくろかみ山の五月（さみだれ）の頃　御橋（みはし）より中禅寺まで↗

金山や銀山、銅山には「よろけ」を治療する医者がいた

東山道（下野〈栃木〉）

江戸の昔から掘られていた金山や銀山、銅山（図1・2）、鉛山（図3）などの鉱山は、たいていの場合、つい最近まで掘られていたところが多い。そこでは鉱山に関する祭りが盛大に行われたり、山間部なのに人口が一万人を超えるような都市もかつては存在したのである。

このような鉱山には、金や銀を掘り出すときに出る細かい粒子を吸い込むから、今日で言う塵肺《じんぱい》になる労働者がたくさんいた。鉱山町には、そうした患者を治療する医者もいた。当時は塵肺患者を「よろけ」といった。しかし、「よろけ」になっても手厚い看護がうけられたのはほんの一部で、ほとんどの場合には放っておかれた。

鉱山町には「よろけ」を治療する医者は一人だけではなく、たいていの場合、複数いた。それほどに「よろけ」になる労働者が多かったのである。そのような事情から、鉱山労働者の中にはキリシタンが多かったとみられる。つねに命の危険にさらされていたから、当然といえよう。一七世紀のイタリアで製作された「日本図」には、東北地方の院内銀山の名前が書き込まれているが、労働者の中にすでにキリシタンがいた可能性を示す証拠なのではないかと考えられる。

「よろけ」を治療する医者は、その鉱山から産出する金とか銀が少なくなったり、幕府の質素倹約などの方針転換があると、すぐに経費節減の名目の下に減らされたり、いなくなったりしたのである。描かれている絵では、みな活発に動き回っているが、鉱山労働が非常に危険な労働であったのはたしかである。

1　足尾銅山（『日光山志』植田孟縉、天保８〔1837〕年）　『日光山志』には「この銅山の地形は、足尾郷中の真中にある山にて、足尾の四境およそ五、六里もあるべし。その銅山周廻およそ三里十八町に亘り、銅山は岩石にて山頂に樹木生ぜず」とある。

3　鉛の精製（『鼓銅図録』）　鉱山から採掘した荒鉛を溶かして型に入れ「棹鉛」とする。

2　銅の精製（『鼓銅図録』、享和１〔1801〕年）
間吹：粗銅を熱して精練して精銅する工程。

徳川家康が新田義貞の血筋であるという説

東山道（上野〈群馬〉）

第二次世界大戦中に制作された東京の都市地図では、武蔵野市などの部分には何も書き込みのない白い部分がよく見られる。そこは中島飛行機の工場があった所で、測量はされているのだが軍事機密であるからと、工場の様子が図示出来なかったためである。中島飛行機の社長は中島知久平といい、この絵（図1）に描かれている「新田大光院」と書き込みのある裏山の頂上に、現在は銅像が建てられている。太田には中島飛行機の本社があった。さらに、絵には「殻屋三郎治」（看板には「古久三」とある）という旅籠の大きな建物が描かれているが、その旅籠の屋根の上方に「松山」「新田大光院」「呑龍廟」の書き込みがある。この大光院には、新田義貞《にったよしさだ》（図2・4）の先祖である新田義重《よししげ》（図3）の墓があるが、これは被差別部落の中にあったのを盗み出して持ってきたものだといわれている。そのために、大光院には新田一族の墓はなくて、唐突に新田義重の墓だけがある。

大光院と描かれている建物の裏山には、新田義貞ゆかりの金山城跡がある。近年、城跡はよく整備された。金山城は、新田義貞が越前金ケ崎城が落ちて藤島で敗死したあと、一族の者たちが立て籠った城である。「松山」と絵にあるのは地名ではなく、ここからは松茸が採れたのである。その松茸は将軍家に献上されていた。明治維新後は天皇家に献上されるようになった。よく知られているように、徳川家康は新田義貞の息子である義興《よしおき》の妾腹の血筋と主張していた。そのような系図をデッチ上げたのは林大学頭である。このために源氏の血筋であると主張する根拠が出来て、家康は征夷大将軍になれたのである。

1　旅籠・殻屋（『根本山参詣飛渡里案内』、安政 6〔1859〕年）

2　新田義貞（『前賢故実』）

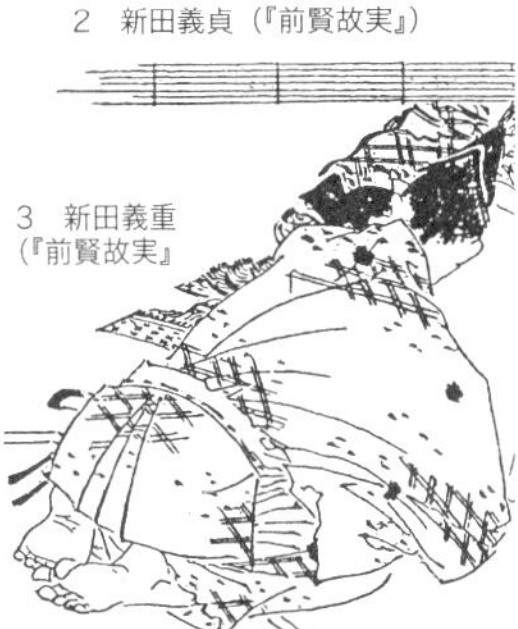
3　新田義重
（『前賢故実』

4　新田義貞の鎌倉攻め
（『東海道名所図会』寛政 9〔1797〕年）

どこか懐かしい地方の料理屋のたたずまい

東山道（上野〈群馬〉）

今でもどこかに残っていそうな料理屋の建物（図1・2）である。この絵に描かれている上野国《こうずけ》（現在の群馬県）の桐生は、江戸時代以来の織物の産地である。しかし今では、かつての栄光は見る影もない都市となっている。

桐生では、一八世紀より高級な絹織物が生産されるようになった。それまでは京都の西陣織が一大産地であったが、関東地方にも伊勢崎や足利などの織物の産地が生まれた。しかし、織物の産地として有名だった桐生の町だが、江戸時代を描いた絵は少ないようだ。その意味ではこの『根本山参詣飛渡里案内』に描かれた絵は、素朴な絵だが、大変に貴重なものである。群馬県の太田・館林・伊勢崎などの地域は、群馬県内では東毛《とうもう》地方と呼ばれるが、この地域の絵はほとんど見かけられない。

その理由として考えられるのは、桐生には日光例幣使《れいへいし》街道や日光街道などの街道が通っていなかったからであろう。江戸時代の後期に盛んに刊行されたのは、宿場や旅籠、各種の商店などの多様な広告やその店先図の入った道中案内である。脇往還《わきおうかん》も通っていなかった都市は、地方では有名ではあっても、図像史料としては残りにくかったのである。

しかし、ここに描かれた料理屋には、かなり手入れの行き届いた庭がある様子がよくわかる。地方都市を歩くと、今でも時たま見かけられる建物であり店である。別の絵に描かれている天満宮境内のお休み処にしても、仮設の建物ではないし、立派な梅林を持っていた様子がわかる。

1　料理屋・金屋（『根本山参詣飛渡里案内』、安政６〔1859〕年）

2　料理屋・岩瀬屋（『根本山参詣飛渡里案内』）

武士は地方でも尊敬されていなかった

東山道〈上野〈群馬〉〉

この絵（図1）は、『東海道中膝栗毛』を書いた十返舎一九《じっぺんしゃいっく》が、「方言修行」のために甲府より信州諏訪、木曾、塩尻、善光寺、草津温泉、上州高崎へ出るまでの「旅日記」にでている。

高崎は、当時の中山道も通っていた城下町でもあり、商人の町でもあった。絵には「室田より三里あまり」とあるから、中山道を歩いてきたのではなく、三国街道を榛名山《はるなさん》の下を通って高崎に着いていることがわかる。上がりはなに腰掛けている二人組らしき男たちは、今やっと宿屋にたどり着いたところのようだ。「くたびれた」といっているから間違いない。この旅姿からすると、季節は寒い時期であろう。

男たちの上では、「女中」と呼ばれている女性が武士にお茶を勧めているところである。しかし女性は、武士に対して両手でお盆を捧げるように持って、礼を尽くしているようには見えない。絵からはかなりぶっきらぼうにお茶を勧めているように見えるのである。

「女中」と呼ばれた女性が、武士に対して「偉い人なのだから粗相《そそう》のないようにしなければ」と思っていたら、このような描き方はしなかったに違いない。それだけではなく女性は、かなり怒っているようである。お茶を勧められた武士がニヤケタ表情をしているのとは、対照的である。

女性が怒っている理由は、汚い褌《ふんどし》を洗ってくれと頼まれたことにあるらしい。絵の書き込みを読むとそんなことが伝わってくる。ずいぶんと失礼な話である。一五〇日ばかりの間、洗わなかったというのである。何とも恐ろしい話である。

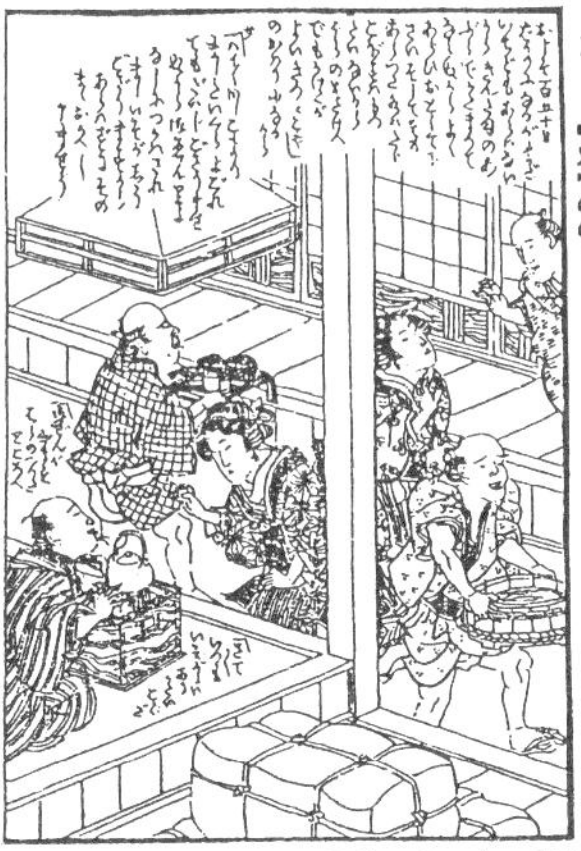

2　1図の左図

1　旅籠（『諸国道中金の草鞋』十返舎一九、文化11（1814）年）

山間部の民は「麻の道」という交易路の担い手だった

東山道〈上野〈群馬〉〉

綿を作れるのは、「真岡木綿《もおか》」で知られている現在の栃木県真岡市あたりが北限だったようだ。福島県会津地方でも作られたが、寒いせいか収量は少なかった。同地方や群馬県の山間部では、綿のかわりに山野に自生している苧麻《まお》（からむし）や麻を使って布を織った。

麻の製造工程（図1〜3）は、地域によって少しずつ変化があったらしい。上州（現在の群馬県）では、まず刈り取った麻を釜に入れて煮て、その後に青草と麻を交互に入れ、青草でふたをして水をかけておく。四、五日そうしておくと発熱するから、それを取り出して水の流れにさらして皮をむき、外皮を取り除く。そして乾燥させてから束ねて保存しておくのである。

農閑期になってからその束を取り出して、人間の体温くらいの湯に黍糠《きびぬか》か米糠を入れる。その中に麻皮を浸してよく揉む。これを縁側などに広げてよく乾かして細かく裂くのである。裂いたあと、それを一本ずつつないで麻桶に入れる。それを紡ぎ車にかけて丈夫なものにしてゆく。

このような作業は単調だから、何人かが集って作業した方が能率が上がった。それが地域によっては「娘宿《むすめやど》」などと呼ばれた。機織りは、一人前になると一日に一反（約一〇メートル）織った。またひと月に六反とも、ひと冬に少なくとも三反は織るものだといわれた。このような麻布はおもに自家消費されたが、名産品として麻布（図4）を買って歩く商人もいたから、山間部の農村ではこれを売って正月を迎える費用に充てた。山間部にも、「絹の道」ならぬ「麻の道」とでもいうべき交易路があったのである。

1　徳苧（しなの木）の皮を剥いで水に晒す
（『労農茶話』文化１〔1804〕年）

2　徳苧写生図（『労農茶話』）

越《ゑち》後《ご》織《ぬ》布《の》

3　徳苧（しなの木）から糸をつくる（『労農茶話』文化 1〔1804〕年）　徳苧の皮を剥いで細かく裂き（苧という）、撚り合わせて糸にする（績〈うむ〉という）。それを糸車でさらに撚って丈夫な糸にし、布を織る。

4　越後縮を織る（『日本山海名産図会』天保 11〔1840〕年）

路傍の焚き火や焼き石は冬の寒さ対策のひとつだった

東山道〈上野〈群馬〉〉

まだ満足な暖房施設のなかった時代には、人は焚き火や焼き石で暖をとっていたが、ここにはその様子がよく描かれている。

これは、現在の群馬県北毛地方の山中の絵である（図1）。絵の左側には、頬かむりをして煙管《きせる》をくわえた男が描かれている。上州は関東名物の「からっ風」の本場である。その風除けに、手ぬぐいでの頬かむりは手軽にできる寒さ対策だったのである。耳を切られるような風も、頬かむりをしただけでかなり軽減される。

頬かむりの男は、着ている着物にツギあてが目立つ。このようなツギあては現在では貧乏の象徴のように考えられているが、この時代には別の意味があった。天秤棒一本の商売では、天秤棒の当たる肩のところは着物の傷《いた》みが激しいのである。それをこのようにツギをあてることによって、着物の傷みを防いだのである。また、冬場には着物にツギをあてるだけで肩の寒さがかなり緩和されたのである。登山に行く人に、冬だけでなく、防寒対策には腹に新聞紙を一枚入れるだけでかなりの効果があると聞いたこ

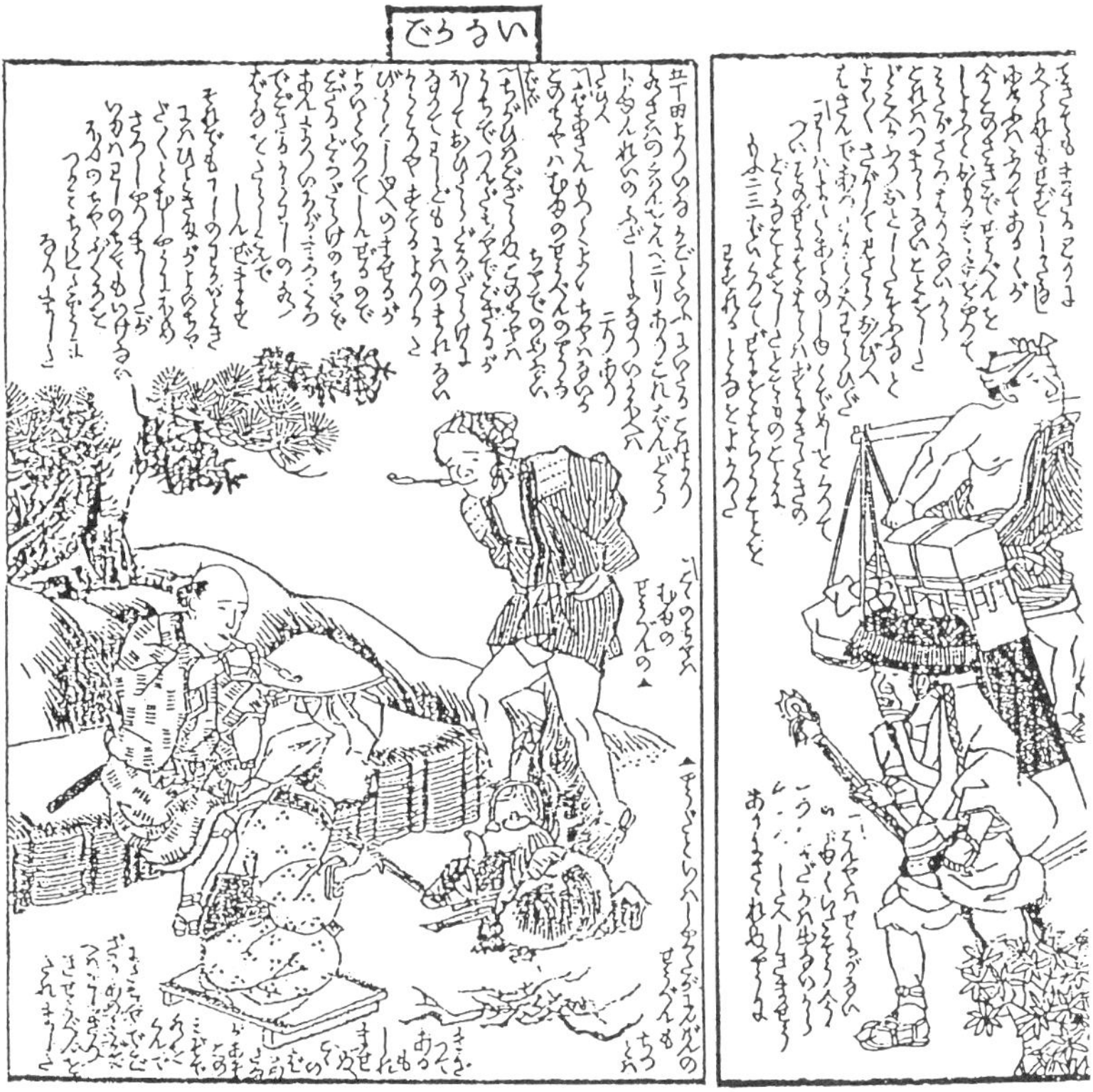

1　道中に焚き火で暖をとる（『諸国道中金の草鞋』十返舎一九、文化11〔1814〕年）

とがあるが、これと同じ理屈である。

　また頬かむりの男は、大石を立てただけの竈《かまど》で焚き火をして、その火で尻をあぶっているように見える。これは簡単に暖がとれる方法で、畑や田んぼの隅や街道の傍《かたわら》などでもよく見られた光景である。お茶を飲むために、農作業の合間に焚き火をしていたのである。

　この焚き火のときに、握りこぶしくらいの石を火に入れておき、それをボロ布で包んで腹に入れたり、腰に括《くく》り付けておくと体全体が暖かくなったのである。都市部では、路傍の焚き火ができないから多くは七輪が使われた。

善光寺門前に弱者と門付け芸人が集っていた理由

東山道〈信濃〈長野〉〉

善光寺の山号は定額山という。現在の長野市元善町にある寺である。大きな本堂の建築が有名である。七世紀の初めに現在地に阿弥陀如来像を本尊とする堂宇を建立したことに始まるが、特定の宗派に属することはなかったために、中世以来「善光寺詣で」がさかんに行われるようになった。この絵（図1〜3）は、その善光寺の門前の賑《にぎわ》いを描いたものである。善光寺の門前には、現在でも大正時代に建てられた住宅が何軒か点在している。歴史を感じさせる門前のたたずまいである。

「はなれ瞽女《ごぜ》　おりん」という映画では、この善光寺の門前に集まってきた門付け芸人を登場させていたが、このような大寺社の門前には、中世以来今日でいう障害者、ハンセン病者、身よりのない高齢者、病者などの人々が集まってきた。これらの人々は、中世社会では「非人」と呼ばれていたが、ここに来れば参詣者などの喜捨が期待できるから、何とか生きられたのである。特に門付け芸人は、寺詣での人々を相手に商売にもなったのである（図4〜8）。

長野県では、三〇年ほど前に『長野史市考』問題という事件があった。善光寺門前にハンセン病者の集団居住地があったと記述されていたことに対して、解放同盟が異を唱えたことから、その書籍が図書館の開架図書から撤去されただけでなく、部落問題関連の歴史書までが読めなくなった。善光寺の門前には被差別部落があり、善光寺で使用する太鼓を制作したり、戒壇潜りをするときの藁草履を作ったりしていた。これらの被差別部落とハンセン病者の居住地区を混同した解放同盟の誤解から生じた事件であった。

1　善光寺（『善光寺道名所図会』）嘉永２（1849）年）
同図会には「本堂南向、高さ十丈、二重屋根撞木（しゅもく）造。柱の数百三十六本、垂木（たるき）の数、法華経の文字の数（法華経の文字はおよそ六万九千三百八十四字といふ）に准（なぞら）ふなり。四方に上がり段あり、正面の板舗（いたじき）に大なる香台を置く」とある。

6　喜捨を乞う盲人（『絵本家賀御伽』）

5　狐面の芸人（『絵本家賀御伽』）

4　春駒（『絵本御伽品鏡』）

2　善光寺（前頁の続き）
（『善光寺道名所図会』）

3　善光寺宿駅
（『善光寺道名所図会』）

8　瞽女（ごぜ）
（『和国百女』）

7　瞽女
（『江戸名所図会』）

善光寺街道は、極楽浄土を願う人々の通う道だった

東山道（信濃〈長野〉）

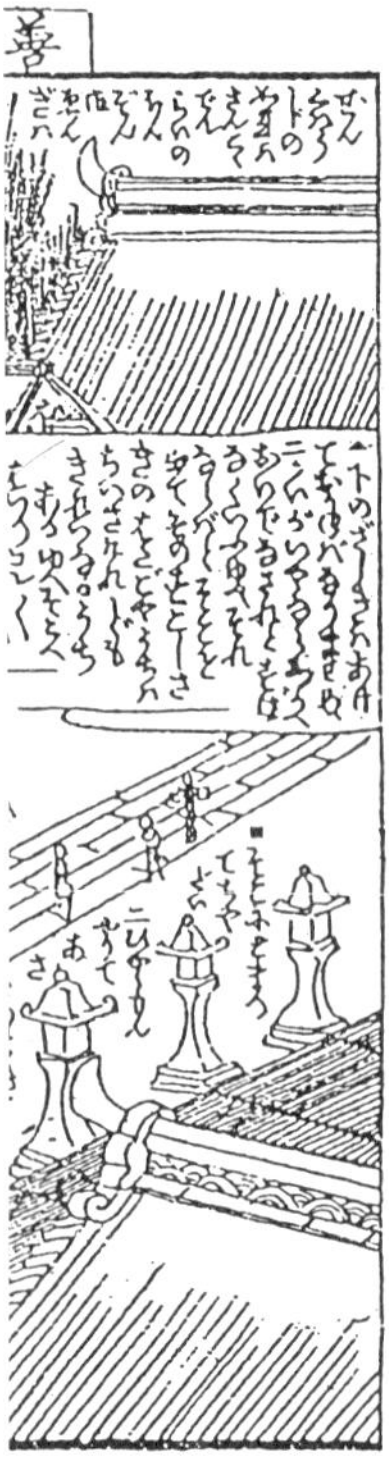

江戸時代に善光寺（図1）へ向かう街道は、たいていが善光寺街道と呼ばれた。正確には、名古屋方面から中山道を通って、洗馬宿で中山道と分かれ、郷原や松本、岡田、相田、青柳、稲荷山を経て篠ノ井追分で北国街道と合流して善光寺へ行く道を善光寺街道といっている。しかし、当時の文書にみられる呼びかたは「北国脇往還《わきおうかん》」である。善光寺街道は鎌倉時代にはすでに開かれており、当時から女性の参詣者が多かった。特に江戸時代になると、善光寺への参詣者は大半が女性という状況になったほどである。

善光寺はどの宗派にも属していないが、何よりも死後に極楽浄土へ行けるという信仰が全国各地に伝えられていた。そのために、一生に一度は善光寺参りをしなければ、極楽往生できないと信じられるようになった。そこで人々は、「身はここに心は信濃の善光寺、導き給へ弥陀の浄土へ。遠くとも一度は参れ善光寺、救い給ふは弥陀の誓願」という御詠歌を歌いながら善光寺へ参詣したのである。

善光寺の本尊は「阿弥陀如来三尊」であるといわれているが、本尊は秘仏であって見られない。前立本尊だけはご開帳のときに拝める。本尊をここへ持ってきたのは本田善光という人である。蘇我・物部が対立していた古代に、難波の池のほとりで本田善光の背中に飛び乗ってきたのを、自宅に安置したという（図2）。後に水内郡芋井の地へ移りたいという

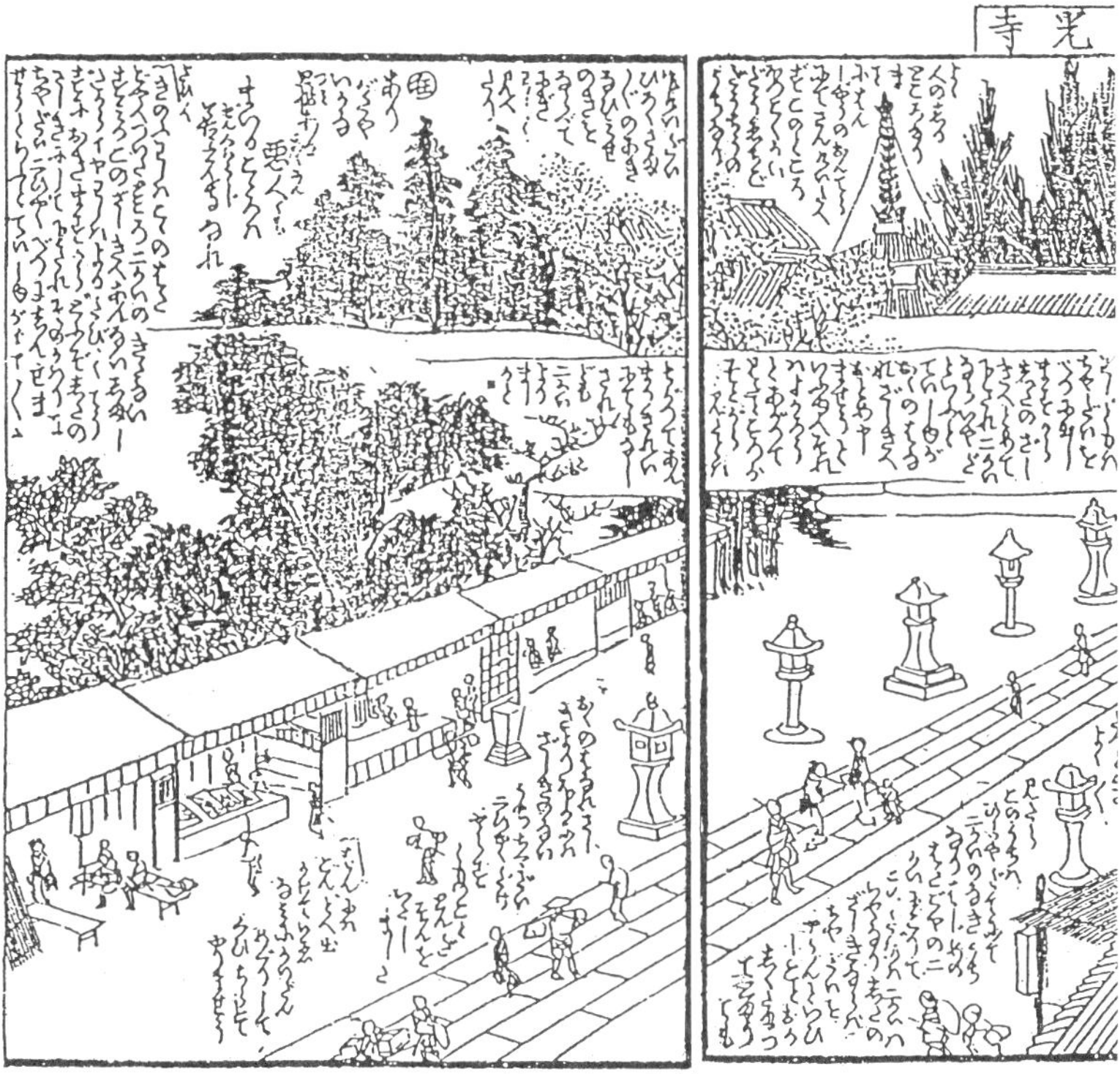

1　善光寺参道（『諸国道中金の草鞋』十返舎一九、文化 11〔1814〕年）

2　本田善光、難波の池に如来に謁す（『二十四輩順拝図会』）

ので、長野の地へ移したという。やがて崩御した皇極《こうぎょく》天皇が地獄に堕ちそうになったのを如来に救われたことから、本田善光を甲斐守に任じて仏恩に感謝し、今のような立派な如来堂を建てて本尊を安置し、寺の名前を善光寺としたという由来が一般的にはよく信じられている。

江戸の昔も「本と文具」はセットだった

東山道（信濃〈長野〉）

今日でいう本屋さんと文房具屋さんを兼ねた店を描いた絵である（図1・2）。

絵の左側では、高見屋○○○衛門という暖簾《のれん》と、「和漢書物　慶林堂」という立て看板が描かれている。

武士と応対しているこの店の者らしい男は、かなり低姿勢である。「お客様は神様です」という精神が、この時代にも成立していた様子がわかる。この時代には、新刊の書籍の摺り部数は一五〇部とか二〇〇部くらいだったから、本屋というのは貸し本屋も兼ねていた場合が多かった。江戸の町で、売れっ子になった作家の物でも、摺り部数がやっと五〇〇部だったというから、書籍というものが大変に貴重品だったことがわかる。

江戸時代に原稿料だけで生活していたのは、たぶん滝沢馬琴（図4）だけであろうといわれている。その馬琴にしても、『南総里見八犬伝』の発行部数は、初年度五〇〇部で、後摺りでも一年度に一五〇部だったといわ

1　信州松本の本屋（『諸国道中金の草鞋』十返舎一九、文化11〔1814〕年）

れる。馬琴は戯作者という立場だったから、原稿料も支払われたが、他の分野の出版物には原稿料のような金は支払われた様子が見られないらしい。この時代の出版というのは、金銭に換算するような行為ではなくて、自己主張の道具と考えられていたようだ。そのために、戯作という一般向けの書物のほかの出版は、著者の自費出版という形にならざるをえなかったらしい。『群書類従』という厖大な資料集を残した塙保己一にしても、出版には何万両という借金をしているほどである。

この絵（図1）の店には「硯墨筆」という看板もかけられている。今日でも地方都市にいくと、このような文房具と新刊書籍を扱っている昔ながらの風情の書店が見られる。そのような店の形態が、すでに江戸時代に描かれているのである。変わったのは、描かれている人たちの髪形と着ている物の違いだけのようだ。十返舎一九（図3）の『金草鞋』の広告を左に掲げた。

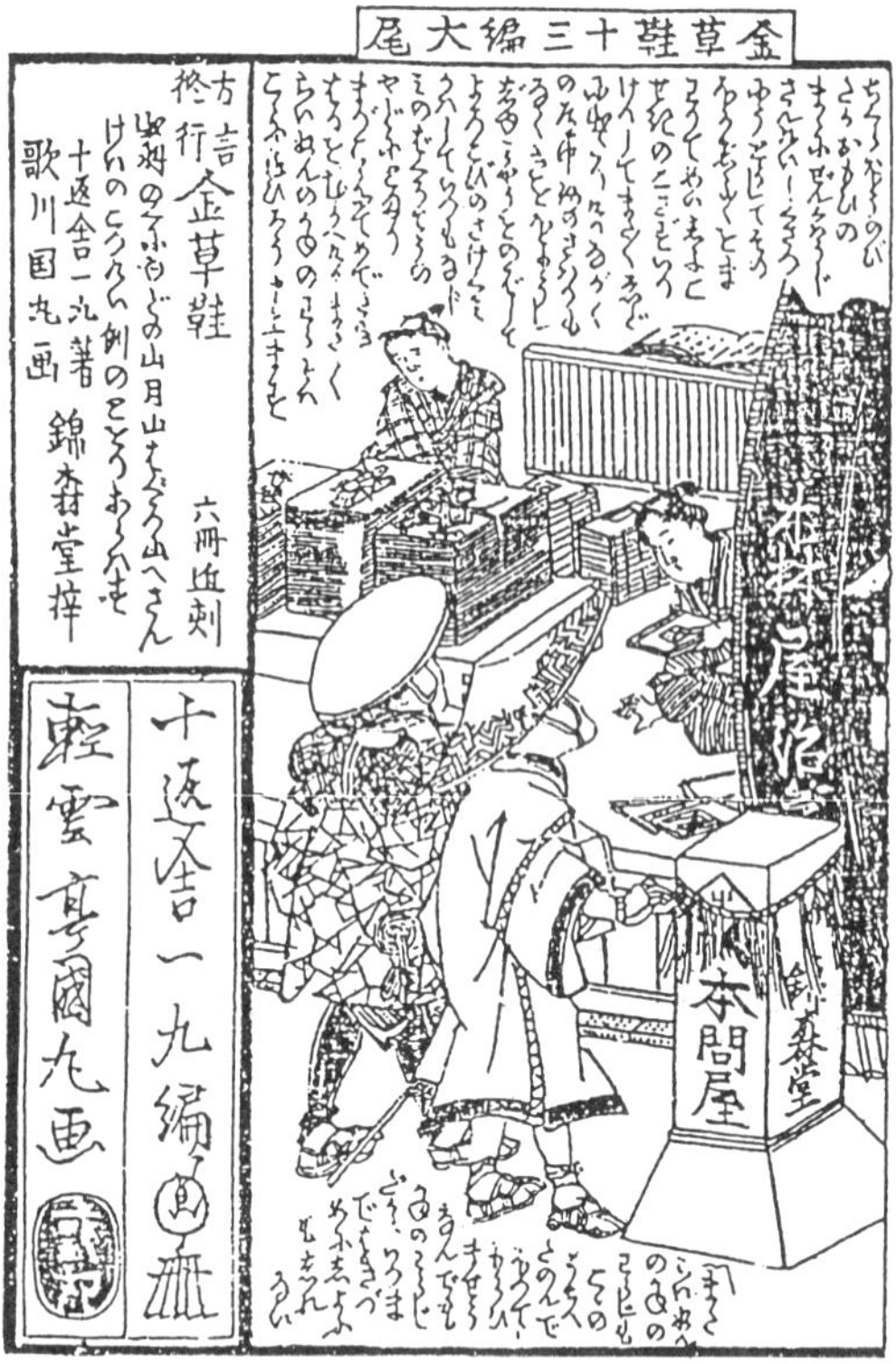

2　本屋の広告（『諸国道中金の草鞋』十返舎一九、文化11（1814）年）

4　滝沢馬琴（『国文学名家肖像集』）

3　十返舎一九（『国文学名家肖像集』）

街道は修験の道でもあり、忍者も往来した

東山道〈信濃〈長野〉〉

善光寺街道の稲荷山宿の絵である（図1）。二人の虚無僧《こむそう》が描かれている。傍《かたわら》で見ている子供は、もの珍しそうである。赤ちゃんをおんぶしている少女は、やはり頭に手ぬぐいらしき布を巻いている。背中におんぶした子供に、髪の毛をかき乱されないためだ。この頃にはもう、明治・大正時代に一般的に見られた子守風俗が出来上がっていたと見られる。

虚無僧がここに描かれているのは、たんなる偶然というわけではなく、山国である信州は、戸隠・飯縄・御嶽といった信仰の山が開けていた霊峰・名山の国でもあったからである（図2）。街道は、それらの深山幽谷を歩く修行の道でもあったのである。信州には、いたるところに石神・石仏があるが、それらはこのような修験者の存在を抜きには考えられないであろう。

小県郡《ちいさがた》にある修那羅山安宮《しゅならさんやすみや》神社を開いた修験者の修那羅大天武は、信濃源氏・望月氏の流れを汲むといわれ、ここから分かれた人々の中から甲賀忍者が出たというから、修験者と忍者（図3・4）というのは共通するものがあったのである。

信州はまた養蚕国でもある。養蚕にとっての大敵はネズミである。もう繭になる寸前の大きな蚕をネズミに食われてしまうと、農家にとっては大損害となる。修験者は深山幽谷に入り、さまざまな霊験をもって人々の間に入って、現世利益のための猫神の石像を立てたり、お札を配ったりした。そのような石仏・石像は今日でもまだ見ることができる。体は人間だが、頭の部分だけが猫という石仏も残っている。

1　虚無僧（『諸国道中金の草鞋』十返舎一九、文化十一〔一八一四〕年）

3　忍者（笹間良彦画）

2　戸隠奥院・裏山（『善光寺道名所図会』嘉永２〔1849〕年）

4　忍者の変装姿（笹間良彦画）

上田紬《つむぎ》は紬飛脚で商いするほど繁盛した

東山道〈信濃〈長野〉〉

中山道の追分宿から分かれた北国街道は、すぐに上田の城下に入る。上田といえば真田昌幸以来の城下町だが、現在の城の本丸跡には石造りの井戸が残っている。真田井戸と呼ばれる井戸で、秘密の抜け穴が城の北の太郎山の山中に通じているといわれている。

城を取り囲むように大小の寺が配置されているが、この寺の縁の下に真田の軍勢が隠れたのは上田合戦のときである。「真田十勇士」の物語を生むような合戦は、実際に城下では二度戦われた。第一回目の上田合戦は、天正十三（一五八五）年のことである。

上田といえば真田一族が有名なのだが、絹の町としての顔も持っている。昭和五〇（一九七五）年には信州紬が伝統工芸品に指定されているが、信州紬の代表が上田紬である。絵（図1）にはかなり盛装した女性が描かれているが、この女性が着ている着物も上田紬だったかもしれない。

その上田紬は、真田昌幸が始めた「真田織」がもとで発達したともいわれている。真田昌幸が上田城を築いたのは天正十一（一五八三）年である。寛文年間には、当時の上田城主である千石正俊が諸大名への贈り物として、紬四〇反を買い上げたという記録があるから、その頃にはすでに上田の名産品になっていたのであろう。幕末には大坂浪華橋に「上田物産売捌所」が設置され、京都と上田の間に紬飛脚が立つほどに全盛期を迎えた。上田紬は縞柄に特徴がある。このような織物を支えたのは、周辺地域で養蚕が盛んだったからである。

1　上田の呉服屋（『善光寺道名所図会』嘉永二（一八四九）年）図中には「上田呉服店　上田紬を名産とす」とあり、暖簾には「現金かけねなし」とある。

『善光寺道名所図会』には「松平伊賀守居城にて、五万八千石を領せらる。城下の町長く、一里八丁相対して巷（ちまた）をなし、繁盛の地なり。産物には、上田縞紬・縞白紬など近在より織り出だし、城下にも織屋・呉服屋ありて諸国へ送る。また上品の織物を制して一都会といふべし」とある。

駄賃稼ぎの馬方は、特に信州で発達した

東山道（信濃〈長野〉）

馬の親子らしい二頭の馬が描かれている（図1）。旅人らしい人たちは、子馬が珍しかったのかあるいはかわいかったからか、子馬のほうを見ている。親らしい馬は、背中に俵やその他の荷物を載せている。江戸の昔には、こうした馬を「本馬《ほんま》」と呼んだ。このように呼ばれるようになったのは、一七世紀の中ごろからのことである。この本馬の場合には、四十貫目まで運ぶことが許されていた。人足が一人で担げる重さは五貫目までと決められていた。これ以上担ぐ場合には、一人ではなく複数で担ぐか、目方に応じた賃銭を払ったのである。信州では中馬《ちゅうま》とも呼ばれ、多く見られた。最初のうちは百姓が自分の荷物を自分の馬に載せて宿場町や城下町に運んでいたが、やがて他人の荷物も引き受けるようになり、専門の業者があらわれるようになった。そして、個人業の枠を超えて運搬業者になるものが出てきたのである。

信州は山国であり、他の地域のように船運が発達しなかった。そのためにこの絵のような馬方業が盛んになったのである。この中馬はたいて

1　駄賃稼ぎで荷物を運ぶ馬方（『諸国道中金の草鞋』十返舎一九、文化11〔1814〕年）

いが馬を三、四頭を使って、荷物を直接目的地まで届けるという方法をとっていた。宿場では口銭《こうせん》などは払わなかったから、荷物の傷《いた》み方も少なく、しかも速く届いた。今日の宅急便のハシリと思えば良い。

しかし、このような荷物の運び方は、公用の重い負担にあえいでいた宿場の問屋と対立することになった。信州には宝永一〇（一七六〇）年には、一万八六一四頭という中馬が公認された。それらの分布を見ると、中南信地域といわれる松本から飯田にかけての地域に多かった様子がわかる。

塩の道では牛も活躍していた

東山道〈信濃〈長野〉〉

現在の新潟県と長野県のちょうど県境に小谷村という村がある。かつての生活を知るためには良い地域で、伝説や民話の宝庫である。ここには「馬方節」という歌が残されている。「ホーイホイ」というのんびりとしたお囃子《はやし》が入る。馬方節といっても、塩の道の運搬には牛も利用されていたようである。塩の道には、かつての「牛方宿」が残されている。ここに描かれているのは、牛を使った「馬方」の絵である（図1）。塩の道角が生えているから馬ではない。馬ならば、もう少し顔が長いはずだし、角は生えていない。牛も塩の道の運搬に活躍していた証拠の絵である。明治時代末期まで、東日本ではほとんどの地域で運送などの力仕事に活躍していたのは馬だったが、牛が活躍していた地域もあったということがわかる。

「もしも道中で雨降るなれば　妾の涙と思はんせ　かわいそうだよ白歯の身持ち　聞けば男は旅の人　千国番所で手形を見せて　明日は塩待つ松本へ」と馬方節は歌っている。

牛方宿はたいていが茅葺きの宿だったらしい。雪が降ると峠はもう牛では越えられないから、そのときには人間の背中が牛の代わりをしたのである。

峠や山道の木や石には、自分たちにしかわからない暗号のような目印が付けられていて、その目印を頼りに雪の中でも塩を運んだ。この目印は一部では「サンカ（山窩）の人たちの暗号である」といわれているが、実際にはそうではない。このような目印は、他人様にその意味が知られてしまったら思わぬ妨害を受けないとも限らないから、目立たないように付けていたのである。

1　牛を使った馬方（『諸国道中金の草鞋』十返舎一九、文化十一（一八一四）年）

2　牛で荷車を運ぶ（『絵本士農工商』西川祐信画）

塩尻は塩街道の終着駅だった

東山道〈信濃〈長野〉〉

上の絵は塩尻峠（図1）である。下の絵は篠ノ井追分の立石の茶屋（図2）で、左は江戸街道、右は伊勢街道の道標が立つ。戻れば長野、左へ行くと上田、右に行くと岡谷に至る中山道の交通の分岐点である。ここでは難所として知られた塩尻峠について触れる。塩尻峠は信州の中ほどの位置にあり、今日でいう塩尻市と岡谷市の境界にあり、中央高地の太平洋側と日本海側を分ける分水嶺をなしている場所である。古くから中山道が通っていて、松本盆地と諏訪盆地を結んでいた。塩尻の地名は、塩の道、いわゆる塩街道の終点であるところから名づけられた。松本盆地の南端にある塩尻の町は、中山道と北国街道の分岐点にあたっていた宿場町である。のちには旧国鉄の中央本線と篠ノ井線の分岐点として発展した。いずれの時代にあっても、交通の要衝であったことに変わりはない。

上の絵に描かれている峠の茶店は、長板の縁台があるだけの簡素な茶店であったらしい。屋根は板葺きで石を載せている。ただ、描かれている茶店は、それほど小さな店ではなかったようだ。屋根がかなり大きいのである。二階建てではなかったとみられる。

山国の家は、今日でも天井が低く造られている。この絵の茶店も、天井は低い造りだったらしい。屋根に石を載せた家は、今では少なくなってきたが、まだ見られる光景である。ただ、この絵に見られるような縁台は、今ではほとんど見られなくなった。涼しい夏を過ごすには、かつてはこのような縁台が都市と農村を問わずよく見られたものであった。縁台将棋という言葉も最近は聞かれなくなった。

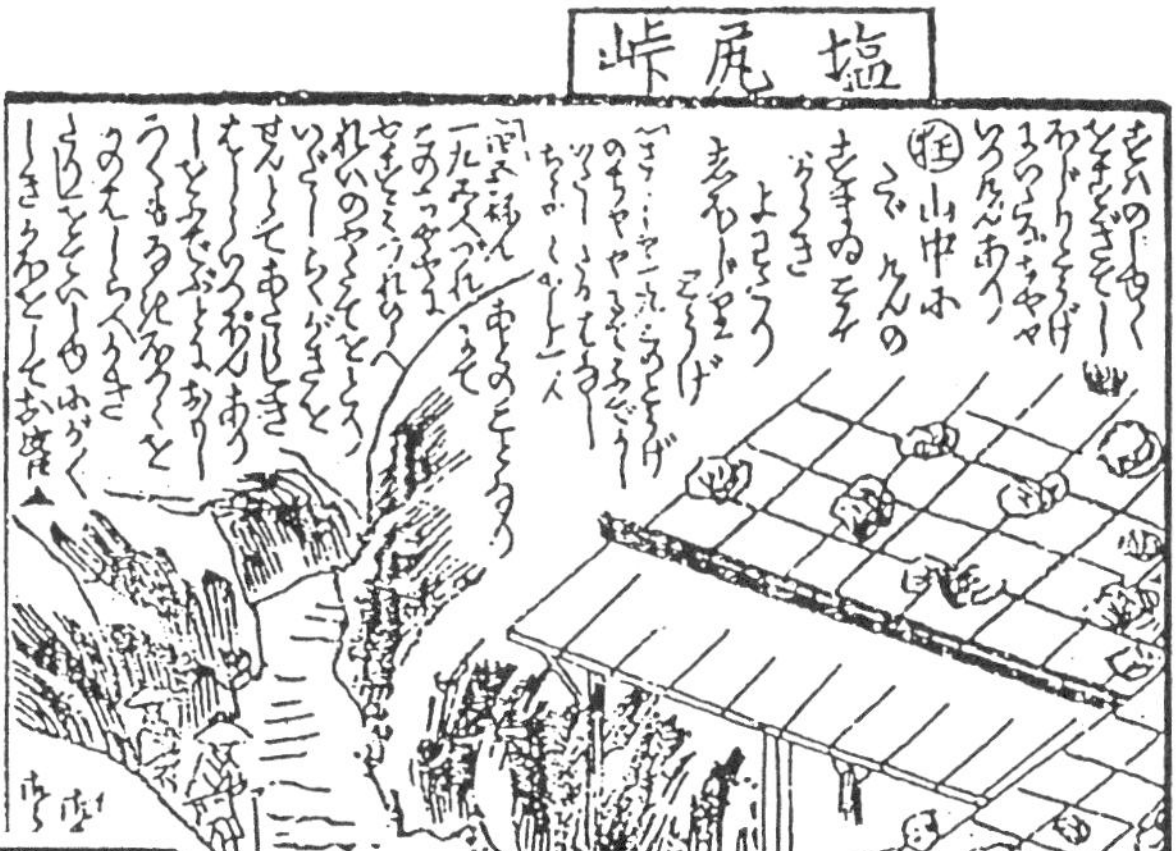

1　塩尻峠（『諸国道中金の草鞋』十返舎一九、文化十一（一八一四）年）『二十四輩順拝図会』には「越後より入りて……関東を巡るには木曾路にかかり、桔梗が原・塩尻・下すは・和田峠を越えて、芦田・望月・塩名田、なほ行き行きて浅間嶽の麓・沓掛・軽井沢・笛吹峠（うすひたうげ）など信州・上野の国境なり」とある。

2　立石の茶屋（『善光寺道名所図会』嘉永二（一八四九）年）図中には「立石の茶屋　篠の井は五丁ほど相対して巷をなし、その余は散在す。間の宿といふ。追分立石の茶屋柳屋に……これより屋代宿まで一里なり。その間に千曲川操舟の渡しあり」とある。

「姨捨伝説」の地は、観月の名所だった

東山道（信濃〈長野〉）

一九八三年に深沢七郎原作の「楢山節考《ならやまぶしこう》」という映画が封切られた。坂本スミ子、清川虹子、緒形拳さんなどが出演した映画である。食料が足りなくなる貧しい村では、一定の年齢になった高齢の親を山の中に捨ててくるという内容であった。ご覧になった方もあるのではないか。

このような内容の伝承は『今昔物語』のなかにすでにある。『今昔物語』の場合には、高齢の親を山に捨てるが、親が子供の身を案じて木の枝を折って目印にしたら帰り道を無事に戻れたので、以後は姨捨を止めたという話である。

このような姨捨の伝承のもとは大陸からの輸入であるらしい。イヌイット（かつてはエスキモーといわれた）やアメリカインディアンといった各地を移動する民族の間では、食料の欠乏や高齢者の同伴が困難な問題から親捨てが行われたという。それが日本にも伝承として入り込んだものらしい。インドのヒンズー教や拝火教（ゾロアスター教）の経典にも姨捨の話が書き込まれている。

一般的には「姨捨」というと、能の曲目があげられる。金春を除く金剛・観世・宝生・喜多の四流にはその演目がある。世阿弥の作といわれるが定かではない。内容は、高齢の親を捨てる話であるが、子に捨てられた恨みも感じさせないで、ただひたすら永遠の月への思慕と絶対の孤独を描いている。

長野県にある姨捨山（図1・2）の山麓には、小さい区画の田んぼが階段状に並び、「田毎《たごと》の月」と呼ばれる観月の名所となっている。ここで姨捨が行われたという証拠はない。

1　姥捨山（『二十四輩順拝図会』）

2　田毎の月（『善光寺道名所図会』）

角兵衛獅子は、子供が中心の大道芸だった

東山道（信濃〈長野〉）

　絵（図1・2）には「越後獅子」とあるが、角兵衛獅子とも呼ばれている。一般的に「越後獅子」といえば、長唄の曲名で七変化《しちへんげ》舞踊の第四番目である。九世・杵屋六左衛門が作曲して、文化八（一八一一）年に初演された。当時の市村座で大当たりをとっていた三世・坂東三津五郎の「汐汲《しおくみ》」への対抗策として、三世の中村歌右衛門が作らせて中村座で上演し、ついに三津五郎の人気を圧倒したといわれている。しかし一夜漬けの作曲であったため、富本《とみもと》や地歌などからの盗用がかなりある。しかし原曲をはるかにしのぐ人気となり、邦楽のなかでももっとも知られた曲のひとつとなった。

　前述したように角兵衛獅子は、越後獅子の別名であるが、子供が宙返りをしたりする芸能として知られている。この絵に見られるように子供が獅子頭をつけて踊り、親方（または組頭）の口上や太鼓にあわせて逆立ちしたりする。もともとは越後国（現在の新潟県）蒲原平野に興ったといわれている。

　しかし、江戸時代の中ごろになると江戸の町や各地の城下町に進出して人気を得た。長唄や所作事の「越後獅子」はこの角兵衛獅子を教材としている。角兵衛獅子の「角兵衛」というのは、獅子頭を製作した名工

1　角兵衛獅子（『諸国道中金の草鞋』十返舎一九、文化11〔1814〕年）

2　角兵衛獅子（『廿四孝安売受請』享和1〔1801〕年）

の名前だといわれている。昭和に入り、戦時体制下に児童虐待防止法が制定されると、角兵衛獅子は児童虐待だとして禁止され衰退する。現在では郷土芸能として残っている。

図1に見える坂木は北国街道の宿場で、千曲川に沿った低湿地である。当時の常夜灯が、現在同和地区といわれている地域内に残っている。

草水《くそうず》の油、火井《かせい》と呼ばれた越後の石油と天然ガス

北陸道〈越後〈新潟〉〉

今日では石油というと、まず、世界中の政情不安の震源地である中東地域を連想する人が多いと思う。しかし、量は少ないが、日本でも石油と天然ガスは産出するのである。江戸時代には石油は「草水《くそうず》」（図3）と呼ばれ、天然ガスは「火井《かせい》」（図1・2）と呼ばれた。この絵は、天然ガスを燃料として利用しているところである。当時としては大変に珍しかったらしく、多くの人々が見物に訪れている様子が描かれている。

人々の生活にとって、水はもっとも重要な必需品だが、日々の燃料をどうするかというのも重要な問題であった。食物をすべて生で食べるわけにはいかないからである。そのために、江戸時代でも、農村の周囲には薪場という共有山林があったり、そのような山林に恵まれない村々では、河川敷に埋もれた流木を掘り出すために時間を費やしたりしたのである。山間部では下草や下枝を切って燃料にしたり、落葉を利用した。六六八（天智天皇七）年に、越後国より燃える水と燃える石が献上されたという記述が『日本書紀』にある。これが今日でいう石油と石炭あるいは泥炭と考えられている。石油は江戸時代には「臭い水」ともいわれた。

石油は、当初は灯火として利用されたが、やがて内燃機関の発達により、大量消費されるようになった。特に第二次世界大戦以後は、石油化学製品の基礎燃料として非常に重要性が増した。日本では新潟県のほか秋田県でも産出する。

1　火井（『二十四輩順拝図会』竹原信繁画、享和三（一八〇三）年）

同図会には「その家に行きてみるに石臼を庭に伏せたり。その穴に節をぬきたる竹を突きさし、附木に火をともして彼の竹の小口に差し寄すれば、地中より火気を引き上げ、たちまち青き火の竹の口に燃え出で……」とある。

2　火井（『北越奇談』橘崑崙茂世、文化一（一八一二）年）

『和漢三才図会』には寛文二（一六六二）年に、『東遊記』には正保二（一六四五）年に、蒲原郡入方村に石油と天然ガスが出たとある。

上がるを、里人かくまぐさといへる草を浸して桶の中へとり入れ、釜にて烹（に）返し制法して燈油となせり。号（なづ）けて草水（くさうづ）の油といへり」とある。

3　草水の油（『二十四輩順拝図会』竹原信繁画、享和３〔1803〕年）
同図会には「湯川村より小坂を越えて道の傍に出水の池二つあり。この池湯の烹（に）ゆるごとく油の湧き／

雪国の羽根突きは、子供の遊びではなかった

北陸道〈越後〈新潟〉〉

日本海側であるからといって、どこでも積雪が何メートルにもなるわけではない。海岸線にはあまり降らないで、内陸に行くほど雪は深いのである。「新潟県中越地震」で大きな被害を受けた旧山古志村では、例年雪が何メートルも積もる。この地方は豪雪地帯として知られているが、ここでは「雪かき」とはいわない。「雪掘り」というのである。それほどに積雪量が多い。

この絵（図1）は、その雪国の正月風景を描いたものである。雪の壁というか、雪の山がかなり大きいことがよくわかる。この雪は春先には鉄のように硬くなる。冬の雪は湿り気がなく、砂のようだといわれる。その雪で相撲の土俵のような円を作り、そこで羽根突きをするのである。

越後では「羽根を突く」とはいわないで、「はねを返す」という。「打ち返す」という意味である。この絵には羽根突きなのに子供たちが描かれていない。この地方では羽根突きは大人の遊びだったのである。羽根は、ウツギ（図2）を一寸（約三センチ）ほどに筒切りにして、それに山鳥の羽根を三本ほど差し込む。他の地方の羽根と比べるとかなり大きい。だから子供の遊びには向いていないのである。この羽根を突くには雪掘りのときに使用する堀板を使って、力任せに打ち返すのである。だから羽根はかなり高く上がった。その羽根を打ち返せなかったときには、罰として着物の襟から雪を入れたり、頭に雪を被せたりした。

江戸では羽根突きといえば子供たちの遊び（図3）であったが、越後では大人の遊びであり、ストレス解消の手段であったらしい。

2　うつぎ（『大植物図鑑』）

1　雪国の羽根突き（上・下図）（『北越雪譜』鈴木牧之、天保6～13〔1835～42〕年）　同書には「江戸の羽子に比ぶれば甚だ大なり。これを擢（つ）くに雪を掘る木鋤を用ふ」とある。

3　江戸の羽根突き（『四時交加』山東京伝、寛政10〔1798〕年）

「鶏を借りる」という農家の副業とは

北陸道（越後〈新潟〉）

一九六〇年頃までは、農村には「鳥屋」とか「ウサギ屋」といわれる人たちが自転車で廻ってきた。自転車の後ろの荷台に大きな竹籠を取り付けて、その中に鶏を入れたり、ウサギを入れてお得意先の農家を廻っていたのである。小さなウサギや鶏をお得意様の農家に預けて、それを半年くらい飼ってもらって大きくしたら、引き取っていくのである。値段は大きさと目方で決まった。農家の方では古くなった麦などの雑穀や、草を食べさせれば良かったから、飼うにもあまり手間隙はかからなかったのである。まだ、農家がそれほど商品経済に組み込まれていなかった時代には、そのような呑気なやり方が通用していたのである。この絵（図1）の「鶏を借りる」というのは、そのような意味なのである。

絵の右端には、鶏の雛がいる。このようなヒヨコと交換に、大きくなった鶏を引き取っていく。この家では、息子らしい若者が竹籠のようなものを編んでいる。おそらく自家製であろう。近くには木槌も見える。座敷の端に立てかけてあるヘラのようなものは、雪掘りの道具である。

1　農夫頓智借雞図（『北越雪譜』鈴木牧之、天保6～13〔1835～42〕年）

座敷には筵《むしろ》のような敷物が描かれている。衝立《ついたて》の前ではこの家の女房と思われる女性が子供を抱えているが、この女性の座り方は朝鮮式である。衝立の向こうには糸繰りの道具がある。麻などの糸繰りをしていたと見られる。庭で働いている女性が履いている下駄は、一枚板をくり貫いて自分で作った物のようだ。下駄の歯ははめ込み式ではない。焼火箸《やけひばし》で三か所に穴をあければ、下駄は自分で作れた。この家の主らしい人の後ろには竹のはめ込み窓があるが、ここは風呂場かトイレと見られる。囲炉裏《いろり》は座敷の端に描かれている。竈《かまど》は見えない。

越後の機織《はたおり》女は巫女のように体を清めた

北陸道〈越後〈新潟〉〉

越後上布《じょうふ》は、越後の特産品である（図1・2）。普段に着ている着物は、値段の安い物で、上質の縮を織るには、まず建物からちゃんと作らなければならなかったのである。

上等の縮を織るには、家の周囲に積もった雪を、ただ捨てるのではなく心をこめて扱った。そして、家の中で煙の入らない、明かりのよく入る一間を選んでよく清めて、新しい筵《むしろ》を敷きならべ、四方に注連縄《しめなわ》を張り、その中央に機《はた》を据えたのである。たんなる機織ではなかったのである。

このように建てられた機屋を「御機屋《おはたや》」といった。その機屋は神様がいつもいるように畏れ敬い、織り手の他には人を入れなかった。機織りは左の絵のように男性も行うが、多くは女性の仕事であった（図5）。機織の女性は、別火《べっか》（穢れに触れないように別に熾《おこ》した火）で料理をした食事をとった。機織に入るときには衣服をきちんとあらため、塩で身を清めて、手を洗い口をすすいだうえで機を織ったのである。これを織りあがるまで毎日繰り返したのであった。女性だから生理もあるが、そのような時には忌んだ。

若い女性たちは、自分も早く機織が上達するようにと、織上手の人の機屋を拝みに行った。だから、このような機屋を建ててもらえるのは、誰でもというわけではなかったのである。機屋を建ててもらった女性は、大変に羨ましがられた。

機織の盛んなこの地方では、女性を嫁に迎えるときに、容姿は二の次で、まず機織上手かどうかが問題となっていた。だから、この地方では娘が十二、三歳になると、すぐに機織を教えたのである。

1　越後の織布（上・下図）
（『日本山海名産図会』蔀関月画、天保十一（一八四〇）年）

同図会には「越後の国は、十月ころより三月までは雪家埋みて、大道の往来は屋の棟よりも高く、ゆゑに家の宇（のき）を深く作りて、これを往来ともす。家向ひへ通ふには、雪に多く鴈木（がんぎ）を付けて上下す。されば山野谷中といへども草葉樹梢を隠し、耕作の便（たより）を失へば、男女老少となく織布を業とすること、実（まこと）に国中天資の富なり。……苧麻（まを）を種（う）ゆる地は、今下谷の辺に多く、千手と云ふ所は、かすり島上織の場にて、塩沢町は紺がすり、十日町はかすり島、堀の内の辺は白縮を専らとす。一村に一品の島模様をのみ織りて、他品を混ぜず。問屋これを取り合はせて、諸国に貨売す」とある。

2　雪中晒縮図（『北越雪譜』鈴木牧之、天保６～13〔1835～42〕年）

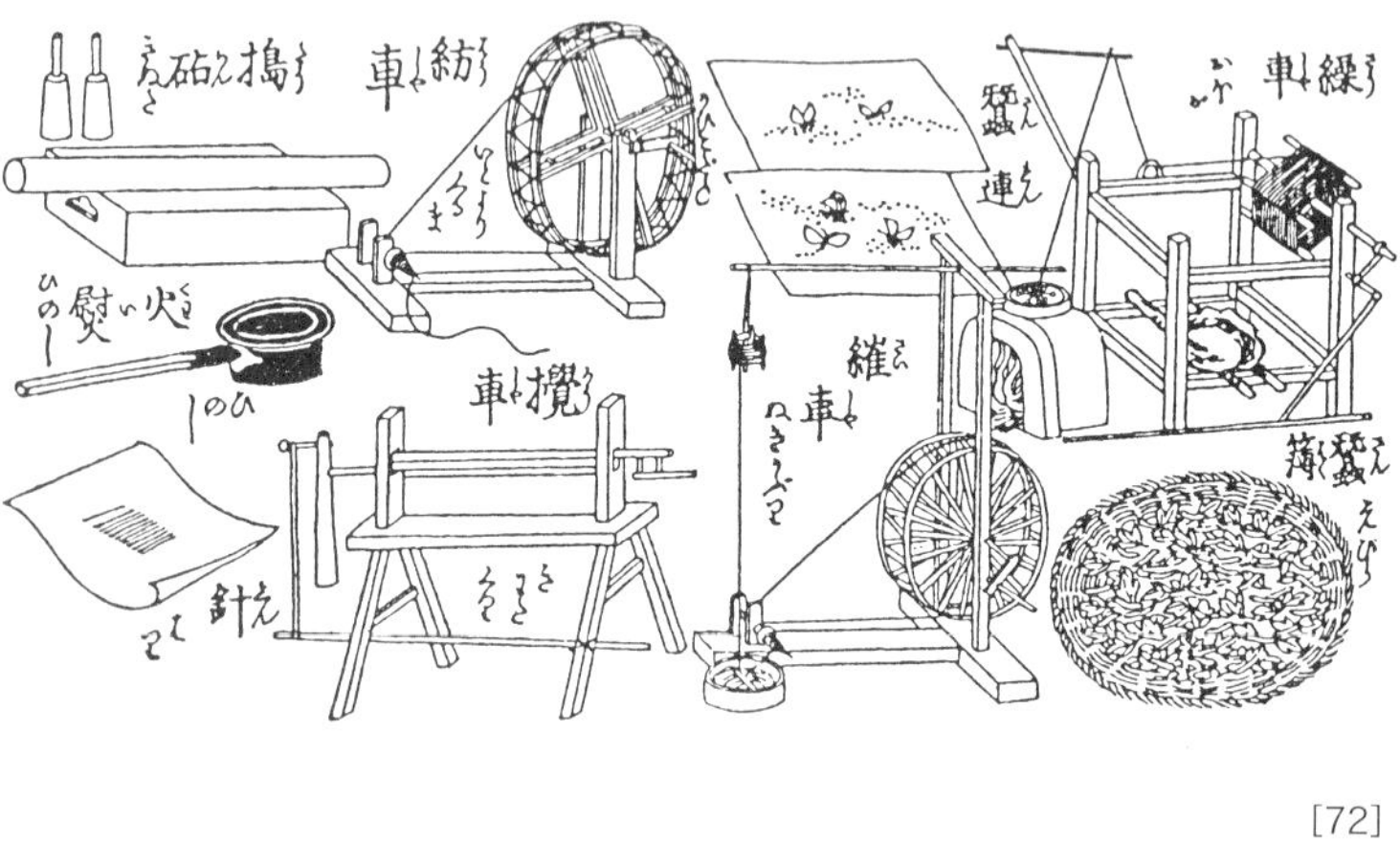

3　紡織用具（『頭書増補訓蒙図彙大成』寛政一（一七八九）年）操車、紡車、攪車など。

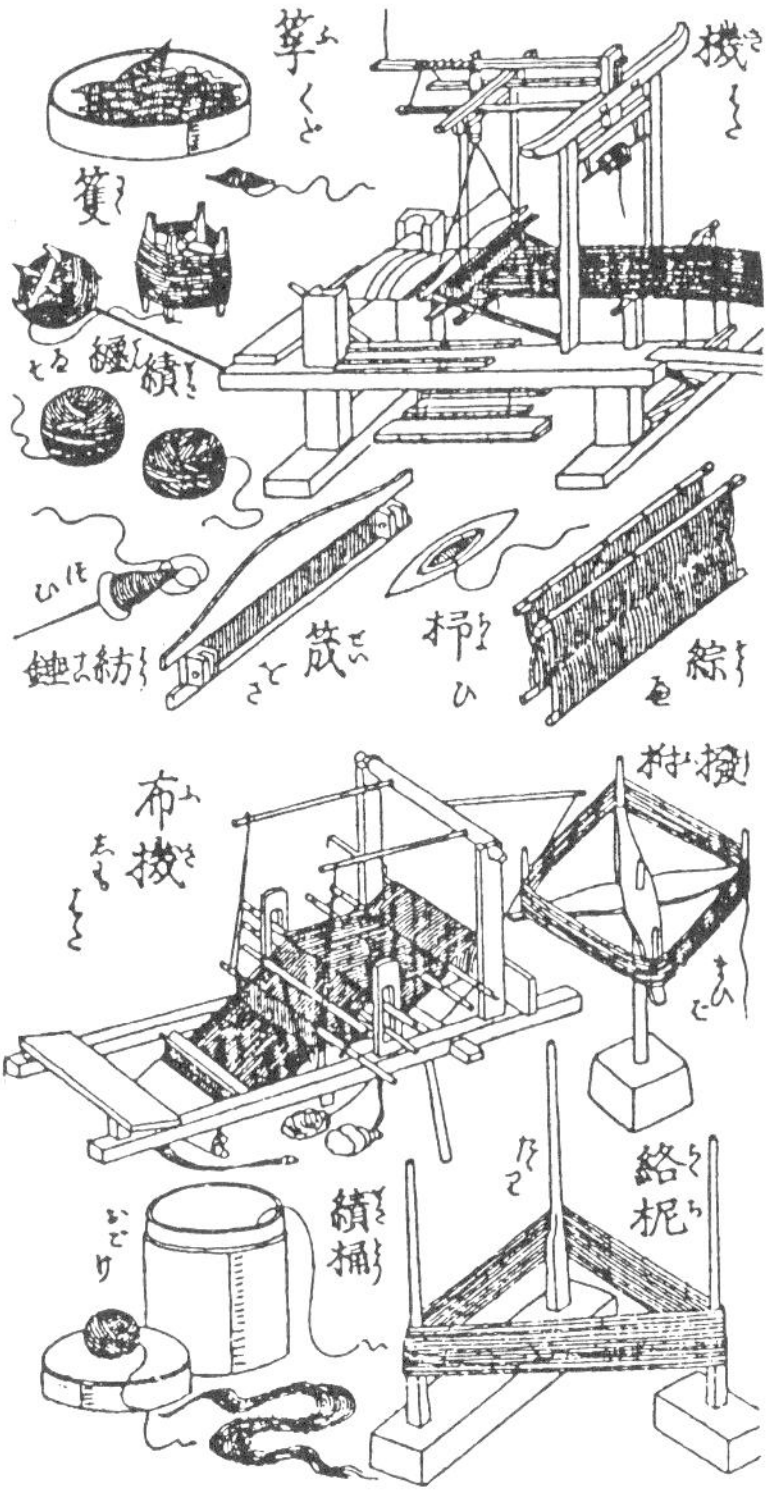

4　紡織用具（『頭書増補訓蒙図彙大成』）織機、紡錘、績桶、杼など。

図2の『北越雪譜』図中には「この所すべて、皆雪の上なり。医師、雪舟（そり）にのりて病家へゆく」とある。

5　くだ巻・はたおり・糸くり（『百人女郎品定』西川祐信画、享保八（一七二三）年

越中国の歴史は、洪水との闘いの連続だった

北陸道（越中〈富山〉）

越中国（富山県）は河川国である。この絵（図1）は黒部川の急流を描いているが、この国を流れている神通川や庄川、常願寺川などの河川は、どれも急流なのである。その理由は、立山連峰や後立山連峰に源を発する河川が、すぐに富山湾に流れ込むからである。立山（図2）は、古くから死者の魂が集まる山とされている。河川がみな急流であるということは、人々の生活は、そのような河川との闘いの歴史であったということである。越中国には、洪水で河川の堤防が決壊して、その事後処理のために作成された郡絵図が大量に残されている。それらの絵図を見ていると、堤防を作っては壊され、作っては壊されの連続だった様子がよくわかるのである。

現在の富山県は、東西に走っても南北に走っても、車なら二時間ほどで端から端まで行ける距離である。しかし、朝日町（下新川郡）を境とした東西では、住民の言葉遣いや気質がだいぶ違うらしい。また、氷《ひ》見《み》市と、現在は石川県になっている羽咋《はくい》市では、山ひとつ越えるだけの距離だが、同じ能登弁でも微妙にイントネーションが違うから、地元の人間かどうかすぐわかるという。

この絵では、北国《ほっこく》街道を行く大勢の旅人らしい一団が坂を上がって来るところだ。はたして言葉はうまく通じたのであろうか。この街道は、おもに加賀藩の殿様が参勤交代で利用した。この街道をまず北上してから中山道に入り、江戸へ向かった。親不知《おやしらず》などの難所（図3・4）ではよく、参勤交代の従者が流されたりした。松尾芭蕉も『奥の細道』の旅の時に歩いている。

黒部川《くろべかハ》

1　黒部川（上・下図）（『二十四輩順拝図会』竹原信繁画、享和三（一八〇三）年）同図会には「黒部川、おびただしき大河にして四十八瀬ありといへり。すなはち魚津と三日市の間に継橋あり」とある。

芭蕉の『奥の細道』には「くろべ四十八瀬とかや、数しらぬ川をわたりて、那古と云浦に出。担籠（たこ）の藤波は春ならずとも、初秋の哀（あはれ）とふべきものをと、人に尋れば、〈是より五里いそ伝ひして、むかふの山陰にいり、蜑（あま）の苫（とま）ぶきかすかなれば、蘆の一夜の宿かすものあるまじ〉といひを（お）どされて、かゞの国に入。わせの香や分入右は有磯海」とある。

2　立山剣ケ峰（『二十四輩順拝図会』竹原信繁画、享和３〔1803〕年）

3　越中の難所（『二十四輩順拝図会』）図中には「金竜波濤を支へて聖人の難を救ふ」とある。

4　親しらずの難所（『二十四輩順拝図会』）
同図会には「これより越後の市振・外浪・青味まで浜辺四里の間天下無双の難所にて、親しらず・子しらず・駒かへり・犬もどりなどすべてこの辺に有り。右の方は剣山幾重ともなく聳へ連なり、彼の仏岳立嶺に続き、岩岩は屏風を立てたるごとく、人力をもつて道を開く事能はず。わずかに波打際の危き道を往還とす。左は遙かに隠岐の島見えて果てもしれぬ蒼海（おほうみ）なれば、巨濤逆浪（きょとうげきろう）間（ひま）なく打ちよせて、見るもの気を失ひ魂を消す」とある。

山国には「ブリ街道」といわれる交易路があった

北陸道（能登・越中〈石川・富山〉）

ブリ漁を描いた絵である（図1〜3）。現在では、正月用の魚として鮭がよく知られているが、今でもブリ（図4）やイワシを使っているところもある。中部地方の山間部ではブリが多い。かつては、煮干しとか小さな塩漬けの魚は、尾張国（愛知県）からの「塩の道」といわれる街道を通って信濃国（長野県）に入っていたが、正月用のブリは北の日本海から入ってきた。

海から遠い地域の人々の食事のオカズには、漬物が多かった。魚を食べるのは盆や正月、お節句、婚礼などの冠婚葬祭の時に限られていた。山国にコンブなどの海産物が入って来るのは、江戸時代になってからのことである。塩漬けにしたのは、保存がきくからである。

信濃国に入ってきたブリは、ほとんどが能登半島で漁獲されたもので、それを越中国（富山県）の商人が飛騨地方を抜けて信濃国に入り、「飛騨ブリ」として売りさばいたのである。

これに対して越後国（新潟県）の商人は、同じ能登半島で漁獲されたブリを一度自分達のところに運んで、糸魚川から小谷街道（糸魚川街道）を通って信濃へ運んでいる。これは「糸魚川ブリ」と呼ばれ、こちらの方が塩辛くて、飛騨ブリよりは味が悪かったといわれている。信濃まで運ぶのに時間が多くかかったから、塩気が強かったのである。

ブリは旧暦の十一月末から十二月はじめにかけて漁獲され、信濃に入るのは十二月二十日頃である。越中の商人はブリだけでなく、ウルメイワシの開きなども持ってきた。これは養蚕の時のご馳走だった。

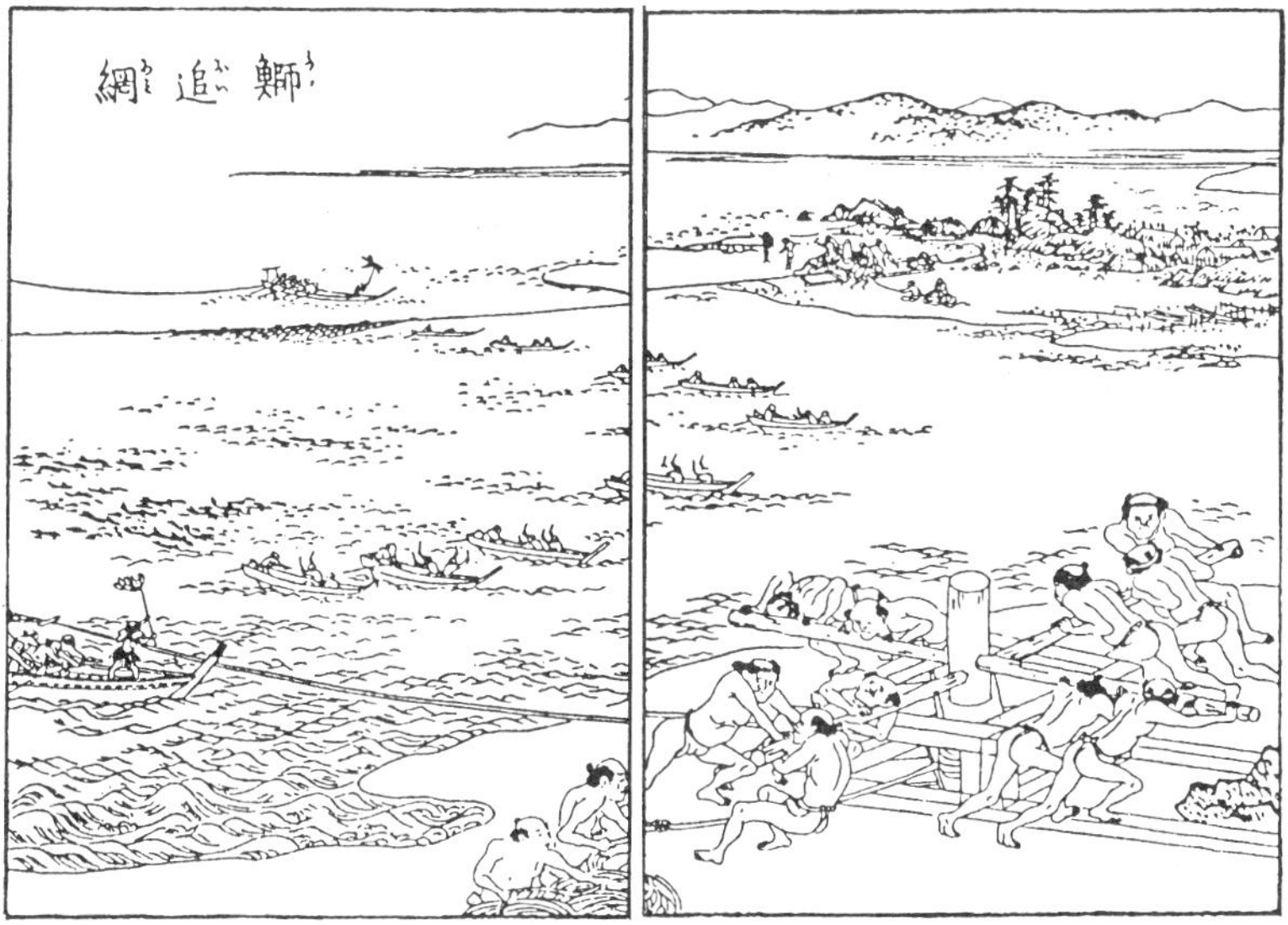

1　鰤追網（『日本山海名産図会』蔀関月画、天保 11（1840）年）

2　鰤追網（其二）（『日本山海名産図会』）

3　鰤立網（『日本山海名産図会』蔀関月画、天保十一〔一八四〇〕年）同図会には「竪網は細物にて、深さ七尋より十四、五尋ばかり。……漁船一艘に乗人（のりて）五人なり。四人は網を繰りあげ、一人は艪を取る。泛子（うけ）は桶にて、重石（いは）は砥石のごとし」とある。

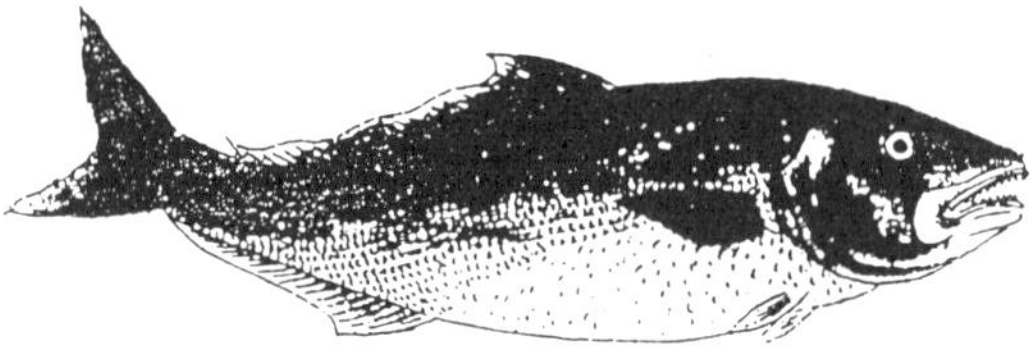

4　ブリ（『食物知新』享保 11〔1726〕年頃）

ゴリは澄んだ水に済む環境のバロメータのような魚である

北陸道〈加賀〈石川〉〉

金沢城下の浅野川のゴリ捕りを描いた絵である（図1）。絵では、松の木らしい林が描かれているから、浅野川の上流の地域でのゴリ捕りと考えられる。城下町の浅野川ならば、このような描かれ方はしない。河口付近は平坦な町場であり、農村となっている。

金沢城下には二本の大河が流れている。城の北側の、北国街道が江戸へ向かう方には、この浅野川が流れ、南側の大坂方面へ抜ける方向には犀川が流れている。浅野川も犀川も、近代に入ってからも何度も大洪水を起こし、金沢の町を水浸しにした。

浅野川の河口近くには、北陸地方で最大規模といわれる被差別部落がある。犀川の河口にも、やはり被差別部落が置かれていたが、明治初めの大洪水の結果、かなりの人々が部落といわれている地域を離れた。しかし、刑場跡は今も残っている。この地域の被差別民は「藤内《とうない》」と呼ばれ、独特の呼称のために古くから関係者の関心を集めた。なぜ藤内なのか、という呼称についての定説はまだない。

ゴリ（図2）は澄んだ水を好むハゼに似た川魚で、一般には鰍《かじか》と呼ばれる。暗灰色で背中には雲形の斑紋があり、腹は白い。食べると大変美味しい。参考に加茂川の鰍《ごり》捕りの絵（図3）を掲げた。ゴリは浅い川にもいるが、なかなか素人には捕まえにくい魚である。魚が川石と同じような色だから、見えにくいのである。「ゴリ押し」という言葉の語源は、ゴリを捕るときには筵《むしろ》を使用するが、ゴリが追われて筵の上に敷いた石の下に隠れようとするのを、そのまま石ごと捕ることからといわれている。

1　加賀浅野川の鮴（ごり）捕り（『日本山海名産図会』蔀関月画、天保 11〔1840〕年）　同図会には「割たる竹にて大いなる箕のごとき物を、加茂川の筵のかはりに用ひ、……竪五尺、横三尺ばかりの厚き板を竹にて挟み、下に足がかりの穴あり。これに足を入れて、上の竹の余りを手に持ち、石間をわりて追い来る事」とある。

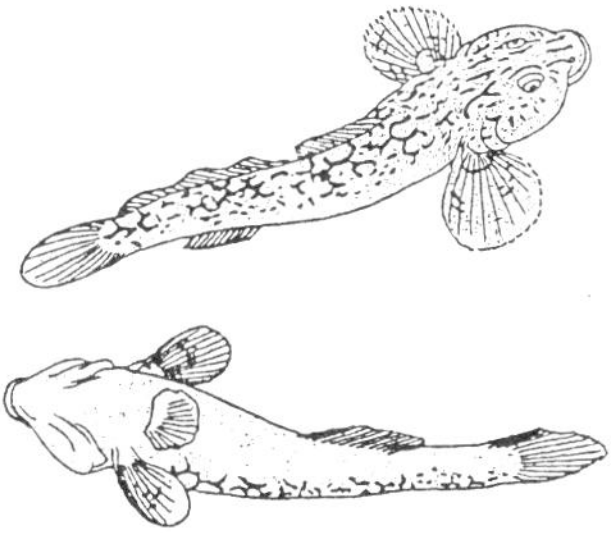

2　ゴリ（『日本産物志』1873年）

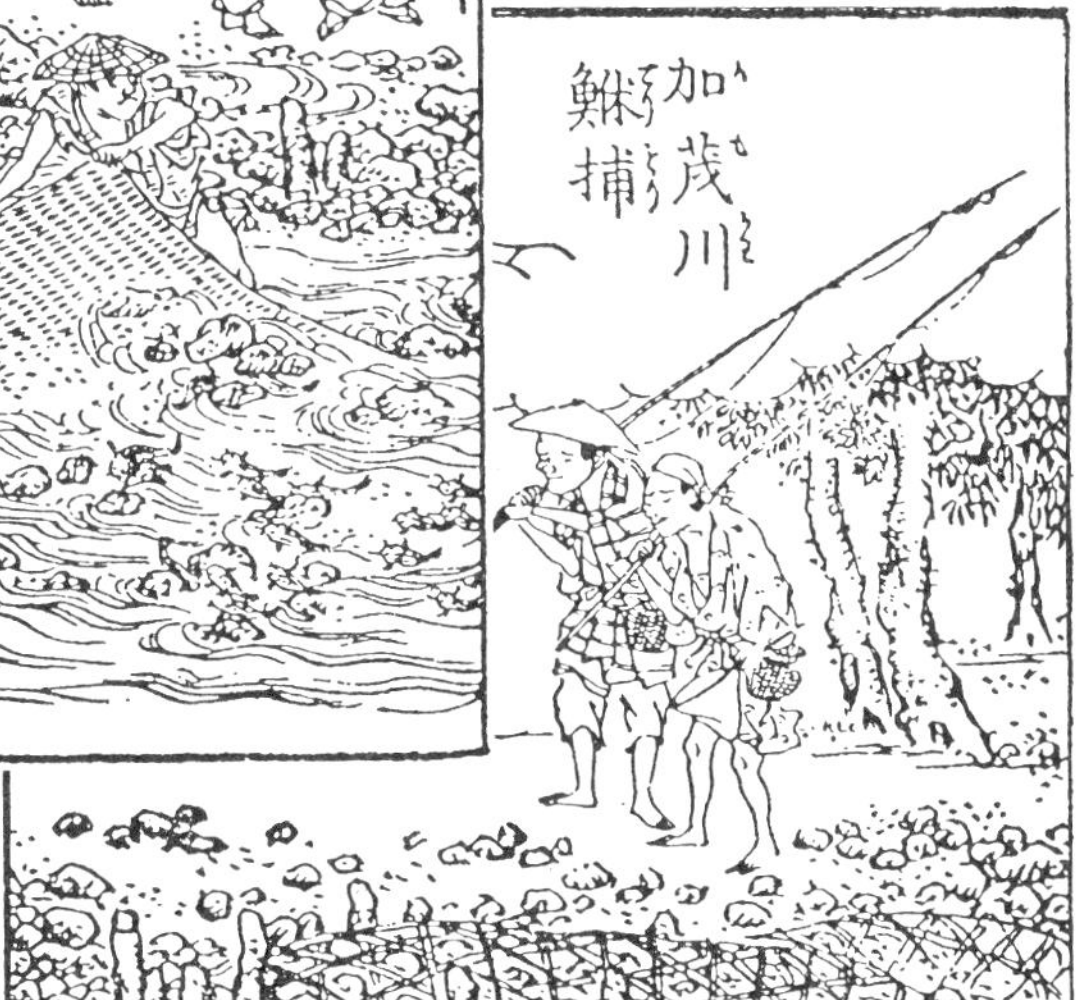

3　加茂川鰍（ごり）捕り（『日本山海名産図会』）（上・下図）
同図会には「漁捕は、筵二枚を継ぎて浅瀬に伏せ、小石を多く置き、一方の両方の耳を二人して持ちあげいれば、また一人川下より長さ三尺余りの撞木を以て川の底をすりて追ひ登る。魚追はれて筵の上の小石に付き隠るを、そのまま石ともにあげ採るなり。これを鰍押（ごりおし）と云ふ」とある。

船頭の労働歌「潮来節《いたこぶし》」は、江戸時代の流行歌だった

東海道〈常陸〈茨城〉〉

物を運ぶのに、牛背・馬背・牛車や人間くらいしか手段がなかった時代に、船運は大量輸送が可能だったから、多くの物を運ぶには陸路よりも水路が選ばれた。都市建設に必要不可欠な巨大な木材や石材を運ぶには、陸路では不可能であった。慶長十二（一六〇七）年に甲州鰍沢と駿河岩淵間に船運を開通させたのは、家康の命を受けた角倉了以《すみのくらりょうい》だが、初めて船を見た川沿いの人々は、「魚でなくて水を走る。怪しき哉、怪しき哉」と驚いたと伝えられている。船運は、当時としたら革命的な出来事だったのである。

川船はおもに棹《さお》と櫓《ろ》で漕いだが、「棹が三年、櫓が三月《みつき》」といわれたように、棹の使い方をマスターするのは難しかった。船頭たちは、自分たちが船を操るのが未熟であることを他人に知られるのをひどく嫌った。船頭たちは隠れて棹の使い方を練習したが、そのときに舟歌という労働歌を歌った。その舟歌が江戸の町で大流行した。潮来（図1）で生まれた潮来節は、そうした舟歌のなかでも古い方に属する。

「潮来出島の真菰《まこも》のなかに、アヤメ咲くとはしおらしや」と

1　潮来（『鹿島志』岳亭定岡画、文政 6〔1823〕年）

いう歌詞は、多くの人たちに歌われた。この潮来節から「よしこの節」が生まれ、「五尺手拭」や「どどいつ」が生まれたのである。どどいつは、もはや舟歌とはいえなくなるが、五尺手拭やよしこの節は、昭和三十年ころまで利根川下流域では田植え歌としても歌われていた。

　利根川を利用していた船は、江戸時代初期には東北諸藩の廻《かい》米《まい》を運んでいた。それが中期になると、米よりも人間という客や、上流地帯からは米・大豆・麻・タバコ・木材などを、下流からは塩・魚・綿・干しイワシ・お茶などを運ぶようになった。廻米船は、米五〇〇〜九〇〇俵を積んだといわれている。

奥州街道の出入口は、巨大な被差別者の町だった

江戸の町では有名な、隅田川のほとりにある真土山《まつちやま》（待乳山）聖天社を描いた絵である（図1）。正月の大根祭りは有名である。ここは眺望にすぐれ、江戸の名所のひとつであった。遠く東には筑波山が見えたが、現在は高層建築が増えたために、かつてのような景観は失われている。

現在はあまり高くない丘陵であるが、山頂に聖天社が祀られていて、慈覚大師の作といわれる十一面観音が安置されている。すでに『江戸名所図会』にも「このところいまは形ばかりの丘陵《おか》なれど」とあるから、山というほどではなかったらしい。しかし、ここには中世の石浜城があったのではないかと推定されている。聖天社のすぐ裏は山谷堀で、東は隅田川である。城を築くには地理的にも絶好の場所なのである。

その山谷堀のほとりには江戸の、というよりも関東地方と東北地方の一部の賤民を支配していた弾左衛門という長吏《ちょうり》頭の屋敷があった。山谷堀が隅田川に流れ込むところが入り江になっていて、そこが弾左衛門の配下の人たちによって埋め立てられ、彼らが集団居住したのである。この弾左衛門の屋敷は、聖天社からは大変によく見えた。弾屋敷跡は現在の都立台東商業高校になっている。

山谷堀は江戸時代には吉原（図2）へ通じる堀川でもあった。吉原へ忍んでいくには、聖天社の裏の山谷堀に通じる場所で船に乗り換えた。この船が「親不孝船」といわれたのである。山谷堀の上は日本堤という吉原通いの道だったが、雨が降るとドジョウがとれるのではないかといわれるほどの悪路だった。絵には山谷通りが書き込まれているが、この先に吉原があり、その南側には非人頭の車善七の屋敷があった。

『江戸名所図会』(6) には「このところいまは形ばかりの丘陵（おか）なれど、東の方を眺望すれば、墨田河の流れは長堤に傍（そ）ふて溶々たり。近くは葛飾の村落、遠くは国府台（こうのだい）の翠巒（すいらん）まで、ともに一望に入り、風色もつとも幽趣あり」とある。

1　真土山聖天宮（『江戸名所図会』斎藤月岑、長谷川雪旦画、文政12～天保7〔1829～36〕年）

2　仲の町年礼の図（『青楼年中行事』喜多川歌麿画、享和4（1804）年）

東日本の各地には、迷路のように鎌倉街道が走っていた

東海道（武蔵〈東京・神奈川〉）

多摩川に沿った登戸《のぼりと》の渡しの様子を描いた絵である（図1・2）。絵では、長閑《のどか》な流れの様子が描かれているが、多摩川もご多分にもれず、江戸時代を通じて何度も大洪水を起こし、そのたびに河川沿いの村々では大きな被害を受けた。多摩川の上流の府中付近では、洪水は年中行事のようであった。

登戸は現在は川崎市になっているが、多摩川の洪水のときに村が川の南北に分かれたといわれる。以前は多摩郡駒井（狛江）村であったと『新編武蔵風土記稿』は伝えている。この登戸には現在は被差別部落はないが、中世の頃までは登戸宿の東の河原に面した所にあった。ここは古くから鎌倉街道が走っていたところである。上の絵には何も書き込みがないが、旅の途中らしい女性が歩いているのは「府中街道」とか鎌倉街道と呼ばれていた街道である。府中街道というのは、この登戸周辺の呼び方で、もともとは鎌倉街道である。府中が、この付近の政治的・経済的中心地だったから、このように呼ばれていたのである。

鎌倉街道というのは、よく知られているように鎌倉と東日本の各地を結んでいた街道である。今でも各地に残されていて、名所や史跡などの文化財になっているところも多い。この鎌倉街道は一本だけではなく、上の道・中の道・

下の道と三本あった。その三本の街道から派生している街道や、交差しているだけの街道も、地域社会ではすべて鎌倉街道とか鎌倉往還と呼んでいるから、鎌倉街道というのは縦横無尽に走っていると考えてよい。寺や神社の入口に通じる、わずか五メートルくらいの距離の道路が鎌倉街道だったというところも珍しくない。

1　登戸渡（『江戸名所図会』斎藤月岑、長谷川雪旦画、文政 12 〜天保 7〔1829 〜 36〕年）

2　登戸宿（『江戸名所図会』）

街道は江戸時代に整備されたものだけではない

東海道（武蔵〈東京〉）

甲州街道の府中宿を描いた絵である（図1）。絵の右側に称名寺《しょうみょう》という書き込みがあるが、現在、この寺の裏側を京王線が走っている。府中駅は絵の右のほうになる。この称名寺の境内からは、徳川家康のご先祖様といわれている人の板碑が発見されている。三河にいたはずの人である。その真偽はわからないが、この寺は時宗の寺で、関東地方では極めて珍しい宗派の寺である。だが、中世には「踊念仏」を全国に広めたから、時宗は全国でもっとも信者が多かった時期もある。時宗は、東日本では被差別部落と大変に関係が深い宗派である。

その称名寺と相対しているのが六所宮である（図2）。現在の大国魂《おおくにたま》神社である。大国魂神社は、かつては六所神社とか武蔵六所明神社とよばれていたが、明治一八（一八八五）年に最初の神名である大国魂神社となった。ここは「くらやみ祭り」（図3）という祭礼が行われることで有名である。

『新編武蔵風土記稿』には、「領中に穢多十戸あり」という記述がある。この領中というのは大国魂神社のことで、大国魂神社の横大門から東海道大井宿に通じている街道に沿って点在している。この街道が大井街道とか鎌倉街道と呼ばれているのである。この街道は、長吏《ちょうり》村のところだけは、街道の下が崖になっていて、かつての街道が丘陵の尾根筋を走っていた様子が大変によくわかる。それに、かつての長吏頭といわれている家の前のところで、街道はほとんど直角に曲がっている。この長吏村からは応永三（一三九六）年を最初とする板碑が発見されているから、かなり古い村である。そのような伝承も残っている。

1　府中　称名寺・弥勒寺・善明寺・高安寺（『江戸名所図会』長谷川雪旦画、文政12～天保7〔1829～36〕年）
同図会には「甲州街道の官駅にして、江戸日本橋より七里。旅舎多し。武蔵の国府にして上古国造居館の地なり」とある。

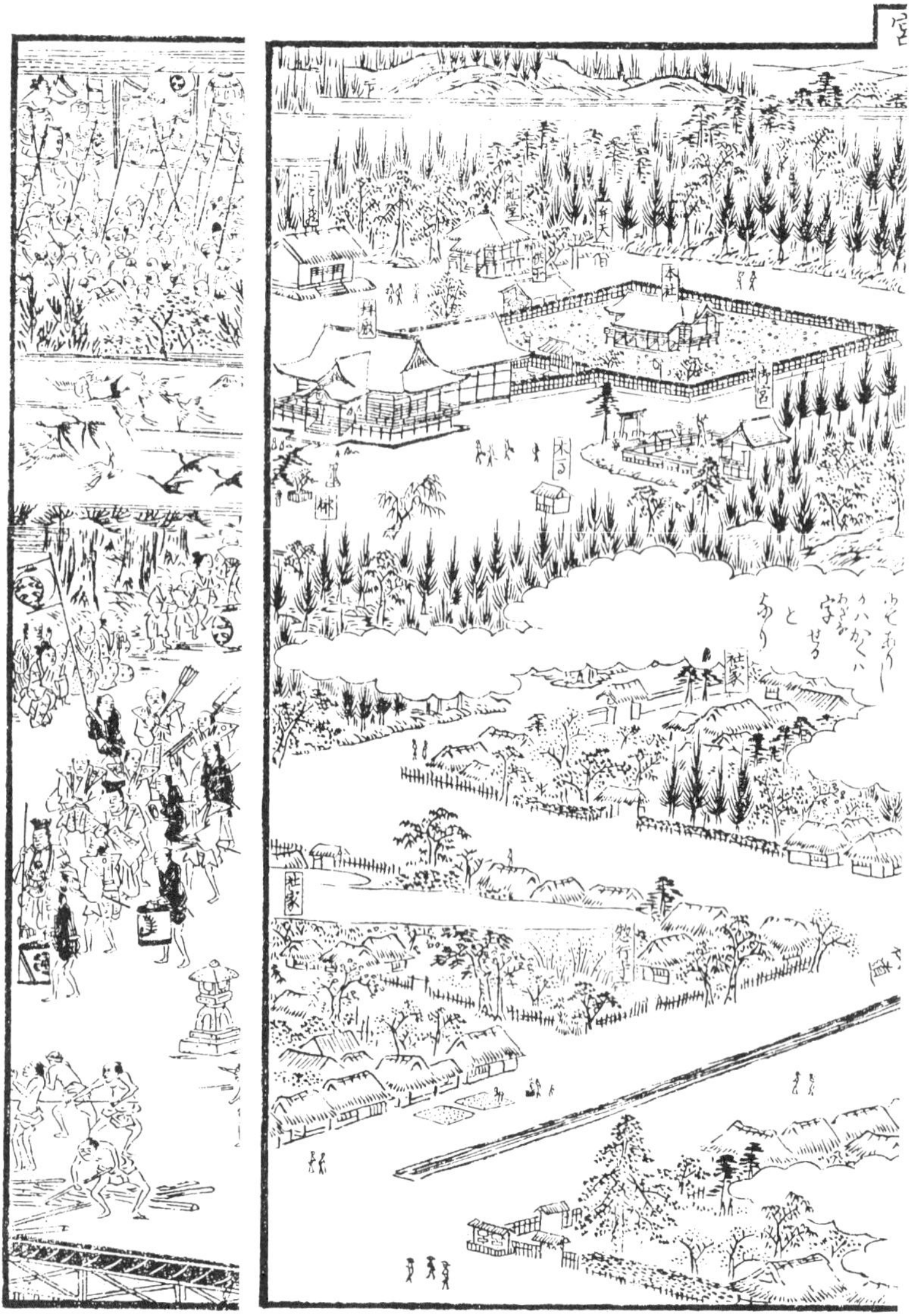

2　武蔵国総社　六所明神社（『江戸名所図会』）　同図会には「大己貴命（おおなむちのみこと）、素戔嗚尊（すさのおのみこと）、伊弉冉尊（いざなみのみこと）、瓊々杵尊（ににぎのみこと）、大宮女大神、布留大神。以上六神、これを俗に六所明神と称せり」とある。

3　六所宮祭礼（『江戸名所図会』）同図会には「黄昏におよび社家一統神主の宅に集会す。その後神殿に至り神勇（かみいさめ）の大祝詞を捧げ終はりて、燈火を消し暗（くらやみ）となして神輿をわたし奉る。……終はりて太鼓を打ちならせば、すべて社壇より市店に至るまで、一時に燈火を点ずる事、先の暗きに引きかへてつともめざまし」とある。

鍋釜の生産は、江戸時代の生活水準のバロメータだった

東海道〈武蔵〈埼玉〉〉

二十年ほど前までは、ＪＲ京浜東北線や高崎線・宇都宮（東北）線に乗り、東京方面をめざすと、荒川の鉄橋を渡る手前の付近で、線路の両側に鋳物工場の古ぼけた建物がいくつも見えた。しかしバブル経済の華やかな時代に、鋳物工場の多くはマンションの建物に取って代わられた。鋳物工場は敷地が広く、生産性が低かったから、多くの工場が操業をやめたのである。

この絵の川口の鋳物屋（図1）は、荒川の端に位置している。古くは大型の釣鐘なども生産していたが、荒川が近くを流れていたから、製品は船運によって運ばれた。川口の鋳物産業は南北朝の内乱の時代から操業していたという古い歴史がある。この付近では下野《しもつけ》国佐野、川口と同じ武蔵国金屋の鋳物師がよく知られた。鋳物師は、『真継家文書』という由来書を持っていることでも知られている。鋳物師が全国各地を漂泊していた時代に、山野河海や関所を自由に通行して良いという一種の証明書が『真継家文書』である。

江戸時代も後期になると、都市や農村でも人々の生活水準が上ったから、鍋釜のような生活必需品の需要が伸びた（図2）。そのために専業の職人を何人か抱えても商売として成り立つようになった。また鋳物業にとって重要なのは燃料である。絵の中にも薪の山と炭俵らしき物が描かれているが、これらの燃料が常時供給されないと、製品造りは不可能だった。

絵の右上部には、鶏を放し飼いにしている様子も小さく描かれている。この頃の鶏は白色レグホンではなく、東天紅などの羽毛のきれいな鶏だった。

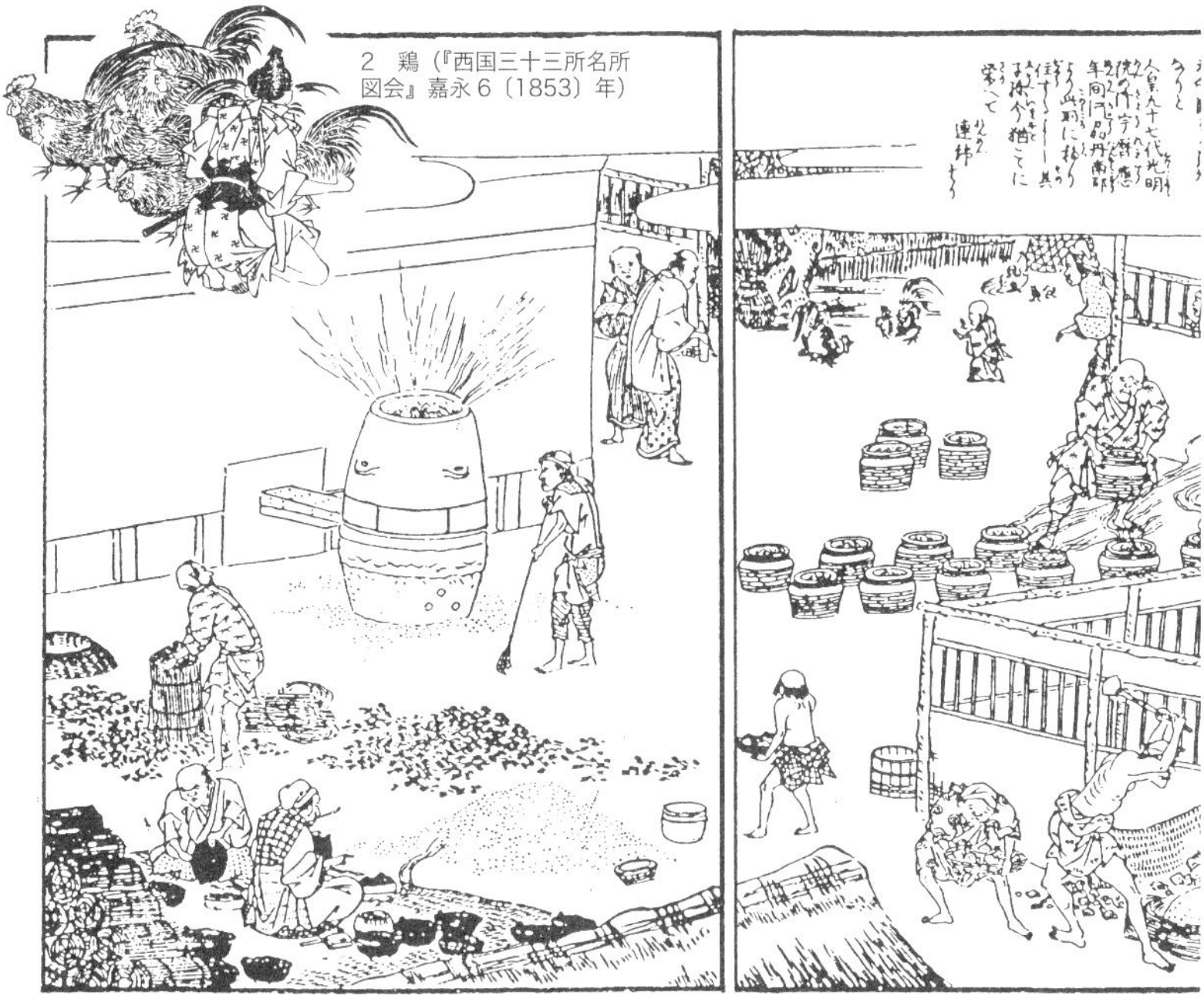

2　鶏（『西国三十三所名所図会』嘉永6〔1853〕年）

1　川口鍋匠（『江戸名所図会』斎藤月岑、長谷川雪旦画、文政12～天保7〔1829～36〕年）

2　大門通りの銅物屋（かなものや）（『江戸名所図会』）

砥石《といし》には用途別にさまざまな種類があった

東海道（武蔵〈埼玉〉）

二〇〇九年四月から放送されているNHKの朝の連続テレビドラマでは、埼玉県川越市がおもな舞台となっている。ここには喜多院（図2）という古刹があることでよく知られている。その喜多院の東南の隅の門の外には、白山神社の小さな祠が建てられている。その昔、喜多院を現在地に祀った長吏《ちょうり》の一団がいた証拠の祠である。喜多院を現在地に祀った長吏の人達は、江戸時代になり、喜多院に東照宮が建立されるときに喜多院の門前から飯能街道沿いの地に移転させられた。こうした経緯は『新編武蔵風土記稿』という史料に記録されている。喜多院にいた長吏《ちょうり》頭は上野《こうずけ》国にいて、砥石の商売をしていた。上州の砥沢（現在の群馬県甘楽郡南牧村）から採れた砥石は、水を使わずに使用できるきわめて上等な砥石だった。長吏頭はその砥石の専売権を持っていたというのである。

砥石（図1）は、現在では包丁や鎌や鋤《すき》・鍬《くわ》といった農具を使う機会が少なくなったから、見たことがないという人も多いのではないか。しかし、わずか三十年くらい前までは、一家にひとつは必備品として砥石があった。高齢の方なら、包丁くらいは自分の家で研いでいたという人も少なくないはずである。現在は簡便な研磨機があり、「絶滅危惧種」ともいえる砥石だが、その昔は刀研ぎ用（図3）、剃刀用、大工道具用、銭研ぎ用、指物用、竹細工道具用、鋏《はさみ》研ぎ用などと、用途別にさまざまな砥石があった。江戸時代以前には、大和国（現在の奈良県）春日山の奥から切り出した砥石が最上品といわれていたが、後には山城国（現在の京都府）嵯峨・鳴滝・高尾辺から切り出した砥石が「天下の上品」とされた。

1　砥石山（『日本山海名図会』部関月画、天保十一（一八四〇）年）同図会には「砥礪（といし）精（こま）かなるものを砥（し）といひ、粗（あら）きものを礪（れい）といふ」とある。

3　刀の研師（『和国諸職絵尽』菱川師宣画、貞享二（一六八五）年）

2　喜多院（『埼玉県写真帖』1912年）

脇往還《わきおうかん》の宿場町の名物料理「利根川蒲焼」とは

東海道〈武蔵〈埼玉〉〉

江戸時代に刊行された道中案内は、東海道や中山道といった五街道などの有名な街道については何種類もの出版物が出回っていた。だが、五街道からはずれた脇往還については、刊行物が少なかった。ここに描かれているのは、脇往還にある現在の埼玉県熊谷市に合併された旧妻沼《めぬま》町の一コマである（図1）。

妻沼町には、一八世紀中頃に建立された聖天院がある。勇壮な山門があることで知られている。現在は家内安全・商売繁盛・厄除け・交通安全・学業成就などにご利益があるとされていて、参詣者も多い。この絵には、かなり大きな旅籠《はたご》らしき建物（料理の仕出しもやっている）の横に、鳥居が描かれているから、この鳥居の先が聖天院のようである。聖天院の北側を利根川が流れている。利根川では昔から各種の川魚が大量に獲れたようで、絵には「名物なまず」「利根川蒲焼」「鯉こく」と書き込みがある。今では天然ナマズはなかなかお目にかかれないが、一九七〇年ころまでの利根川には天然ナマズがいた。現在でも荒川は川幅が広くて、自然堤防のある場所には天然ナマズがいる。江戸時代の後期になるとナマズが地震を起こすと信じられ、ナマズ退治の地震絵（図2）が多く流布された。

聖天院を挟んで南北の位置には被差別部落があった。見渡す限りの田園地帯の中にある地区なのだが、部落といわれている地区では、農地改革までは自作農だった家がきわめて少なかった。その昔は、この絵に描かれている脇往還の警備や、聖天院の所有する農地を耕作していたから、自分の農地を持たなくても生活できたのである。関東地方の部落には、このような「野良番《のらばん》」と呼ばれた地区が少なくない。

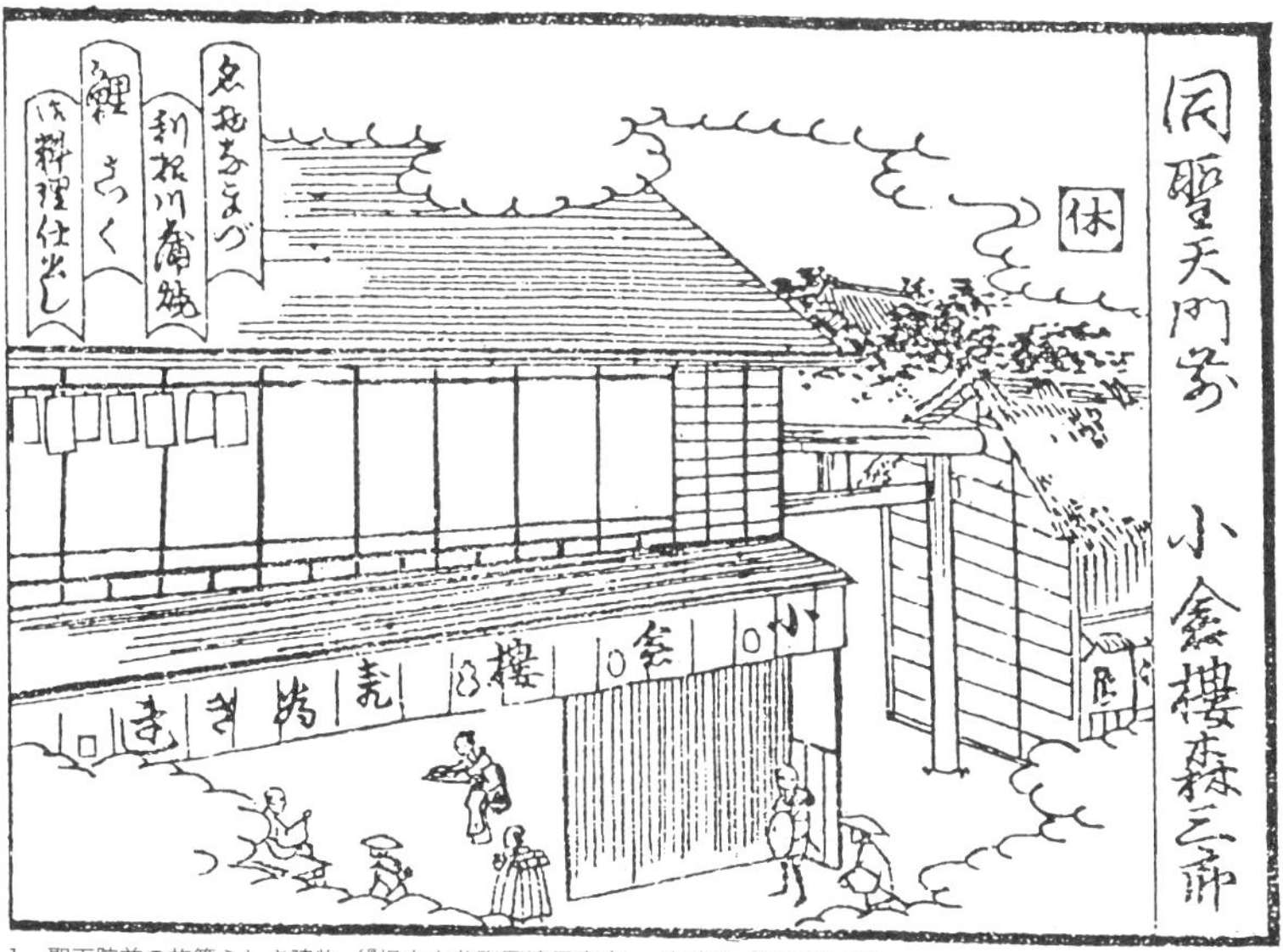

1　聖天院前の旅籠らしき建物（『根本山参詣飛渡里案内』、安政６〔1859〕年）

2　鯰退治（『江戸大地震之絵図』江戸時代、国立国会図書館蔵）

家康の江戸入りのときに歴史の改ざんが行われた

東海道〈相模〈神奈川〉〉

この絵（図1）は、現在の神奈川県小田原市で痰切《たんき》りの薬を売っていた店を描いている。「透頂香《とうちんこう》」は薬の名前で、江戸時代には京都と小田原の痰切り薬がよく知られていた。小田原の薬が広まったのは、戦国時代にこの地方を治めていた北条氏綱《うじつな》が、絵に描かれているような八棟造りの店造りを許したためという。氏綱は、北条早雲の子で、父親の遺志を継いで関東地方の平定に力を注ぎ、大永四（一五二四）年には江戸城を奪い、その後には足利義明、里見義堯《よしたか》を破り、武蔵国と下総《しもうさ》西部地域を手中に収めた。氏綱の長男が氏康で、その子が氏政である。氏政が小田原城主だったときに豊臣秀吉に攻められて落城。ここに秀吉の天下統一は完成した。このように、戦国時代の小田原は関東地方の政治的・経済的な中心地であった。

北条氏の影響は関東地方一円に及んでいたのである。

しかし、徳川家康が江戸入りすることになり、関東地方の住民は恐慌状態に陥っていく。関東地方全体が旧主である北条氏の家臣団であったから、北条氏の残党も各地に残っていた。どんな仕返しを

1　小田原外郎透頂香（『東海道名所図会』、秋里籬島、竹原信繁画、寛政９〔1797〕年）

受けないとも限らない。家康からみたら敵地に落下傘降下をするようなものである。

　そのために、関東地方の各地では、特に北条氏の影響の強かった地域では、歴史の改ざんを行った。かなり歴史のある寺社も、「天正十八年以前の由緒は不詳」ということにして、徳川幕府に届けたのである。つまり、自分たちは北条氏とは関係がないと主張したのである。その痕跡は今でも各地に残っている。この絵のような商売は、北条氏の直接的な戦闘部隊ではなかったから生き残れたと思われる。

「かわいい子には旅をさせろ」は、子ども教育の一環だった

東海道（相模〈神奈川〉）

現在の神奈川県中郡大磯町の鴫立沢《しぎたつさわ》を描いたものである（図2・3）。絵に向かって左側に見えているのが西行堂である。この鴫立沢は、西行（図1）が東路行脚のときに訪れ、三夕《さんせき》の名歌とされる「こゝろなき身にも哀《あはれ》はしられけりしぎたつ沢の秋の夕暮」（新古今和歌集四・秋上）を詠んだ地とされる。図3に描かれている街道は東海道である。ここには松並木が描かれているが、現在でも鴫立沢から少し京都寄りの所には、松並木の名所がある。旧東海道の松並木である。

この鴫立沢に限らず、街道筋には歴史にその名前を残している寺院や神社、合戦場跡、城跡や館跡などの史跡がたくさんある。その他にも、各地の名産品といわれる物産や農産物も数えきれない。旅をすると、それらを見ないでは済まないから、自然に勉強になるのである。旅は教育だったのである。

平安時代の旅は、それこそ大変な準備と荷物でいっぱいであった。食料は牛や馬の背中に括り付けて、必要分を持ち運ばねばならなかったのである。それが江戸時代には、お金さえ持てば旅ができるようになったのである。特に東海道は、五街道のなかでも一番整備された街道であった。

村や町の中で、将来の指導者となるような子どもや人材には広い世間を見させないといけないとの理由から、旅が奨励された。伊勢参りはその象徴でもあった。小説『破戒』を書いた島崎藤村は、晩年には大磯に住み、よく鴫立沢へ散歩に訪れている。ただし鴫立沢に被差別部落があることを本人が知っていたかどうかはわからない。藤村の墓は大磯にある。

1　西行（『東海道名所図会』、竹原信繁画、寛政九（一七九七）年）　図中には「鎌倉将軍家において、三日二夜軍法を説かれたる。その恩謝に銀の香炉賜ふ。……これを……門前の童にとらせてかへられけり」とある。

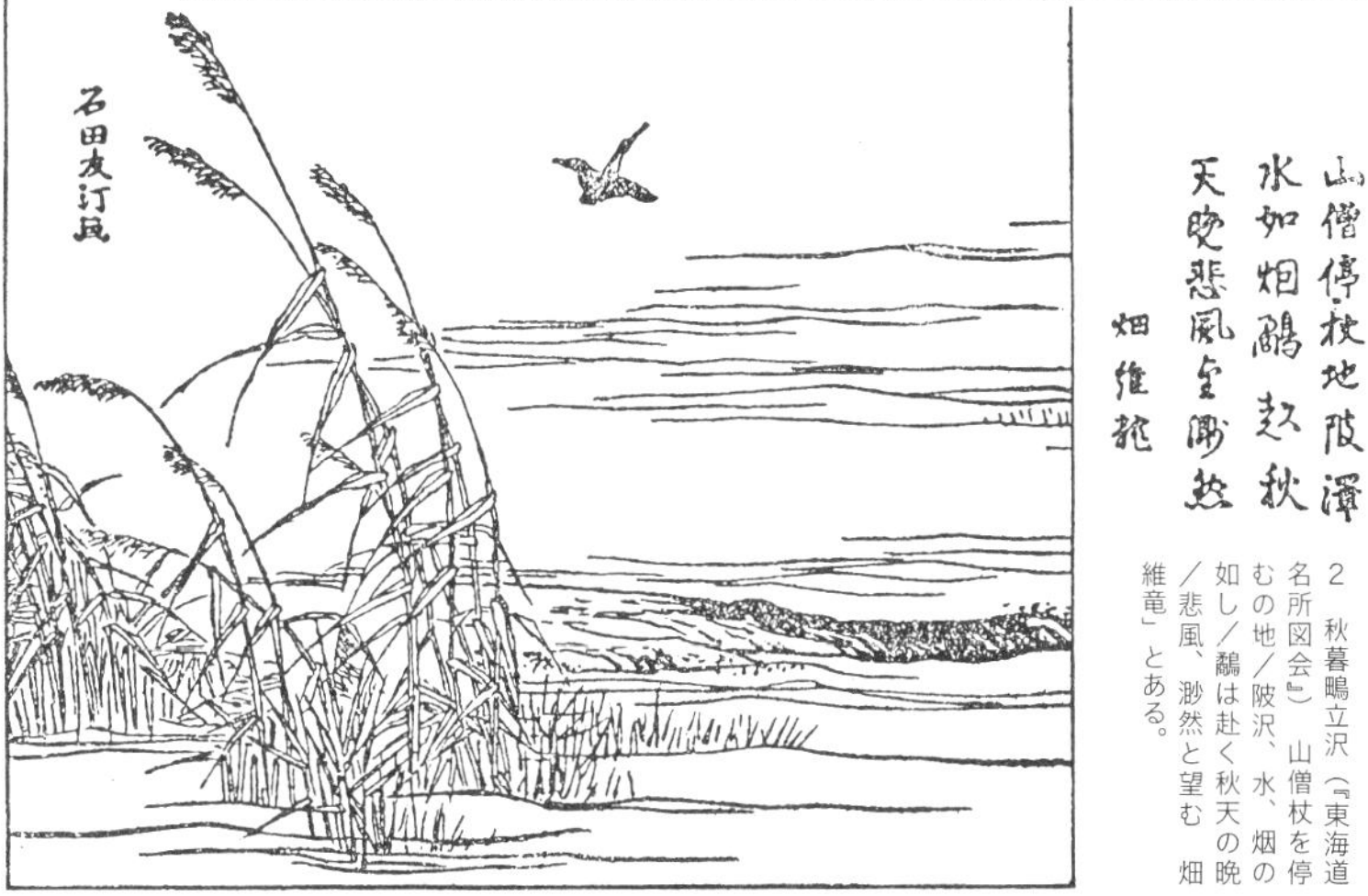

2　秋暮鴫立沢（『東海道名所図会』）　山僧杖を停むの地／陂沢、水、烟の如し／鷸は赴く秋天の晩／悲風、渺然と望む　畑維竜」とある。

詠みたまふを『新古今』に選ばれ、三夕の名歌のその一首とす。……鴫立庵（でんりゅうあん）小磯の路傍にあり。宝永年中、俳諧師三千風（みちかぜ）この草庵を結んで、鴫立沢の古蹟をとどむ」とある。

3　鴫立沢　鴫立庵（『東海道名所図会』）図中には「鴫立つたあとにいとなむ碑（いしぶみ）は鳥の跡とぞこれをいふらん」とある。また、同図会には「鴫立沢　むかし西行上人、東路行脚の時、このほとりの沢辺を通りたまふに、折から秋の暮の物淋しきに、鴫の立ち去りてなほも寂寞（じゃくまく）たる風情を感じ↗

甲州街道をゆく十返舎一九をもの珍しそうに眺める田を耕す農民

東海道（甲斐〈山梨〉）

馬を使って田んぼの土馴らしをしているところを描いた絵である（図1）。

田んぼにはかなり水が入っているから、これから田植えができるように土を馴らしているところであろう。馬の鼻を取って先を行く人と、馬の後ろでオンガと呼ばれる農具を使っている人も、どちらも膝くらいまで水に漬かっているところをみると、かなりよく観察された絵である。

オンガといわれる農具は、地域によって呼び方が違うから、全国共通ではないはずである。ここでは関東地方の農村でよく使用されている名称を書いておく。オンガの歯は鉄で出来ていて、これで土を切るように馴らすのである。田んぼで、裏作として麦でも作ってあったら、その株がなかなか腐らないから、この絵のように水をたくさん入れて、よく馴らさないといけないのである。

描かれている馬には、背中に鞍が取り付けられているから、農耕以外に荷物の運搬などに使われていたものと考えられる。

1　十返舎一九（中央）と馬で田を耕す農民（『諸国道中金の草鞋』十返舎一九、文化11〔1814〕年）

田んぼの上に描かれているのは十返舎一九のはずだから、甲州街道を歩いている情景を描いているものと考えられる。絵の右側の上の城は甲府城であろう。

旅姿の二人は、合羽《かっぱ》を着て護身用の刀を差しているから、旅の途中と見て良い。この時代には、二尺（約六〇センチ）までの刀なら、武士以外でも差して良かった。大刀ではなく脇差という考え方であったからだ。

手甲脚絆《てっこうきゃはん》に身を包んだ二人を、馬の鼻取りをしている農民とオンガを使っている農民がもの珍しそうに眺めている。

三島大社は源頼朝の帰依により繁栄した

東海道（伊豆〈静岡〉）

三島大社（図3）は東海道の大社の一つとして知られている。この神社は旧官幣大社で、延喜式内社でもあることからもわかるように、かなり歴史のある神社なのである。かつては伊豆国の一宮《いちのみや》であった。現在でも、全国の三島神社の総本社である。特に商売繁盛の神様として知られている。しかし、江戸時代の三島神社の周辺は意外にひっそりとしていたようである。絵（図1）の真ん中を走っているのは東海道である。絵の右側に鳥居が描かれているから、ここが参道入り口になるのであろう。鳥居近くの建物は瓦葺か板葺き屋根の家らしいが、宿駅のはずれになると茅葺き屋根が軒を並べている様子がよくわかる。

三島は、古代には伊豆国府が置かれていた。国分寺も置かれたが、後にはこの絵にあるように三島大社の門前町として発展した。東海道の箱根越えの要衝をなす宿場町でもあった。絵の左側には富士山が描かれているが、この富士山からは豊富な伏流水が流れ出していることでも知られる。絵の書き込みには、「この宿の出はなれに千貫土樋《せんがんどひ》とて　細き川筋のうへの両のきしのうへより大きなる樋をよこにわたして　伊豆のくにの水をするがのくにへとるなり」とある。この伏流水を利用して、近代には化学繊維や製紙、ゴム工業なども発達したことがよく知られている。

例年八月十六日には頼朝の旗挙行列が行われるが、そのほかにも田祭（図2）が一月七日に、奉射祭りが一月十七日にあり、四月には鎮花祭も行われる。この三島大社の近くには、かつて神社の社領内の清掃や警護にあたっていた被差別部落がある。江戸時代の文書には「カワタ」とある。

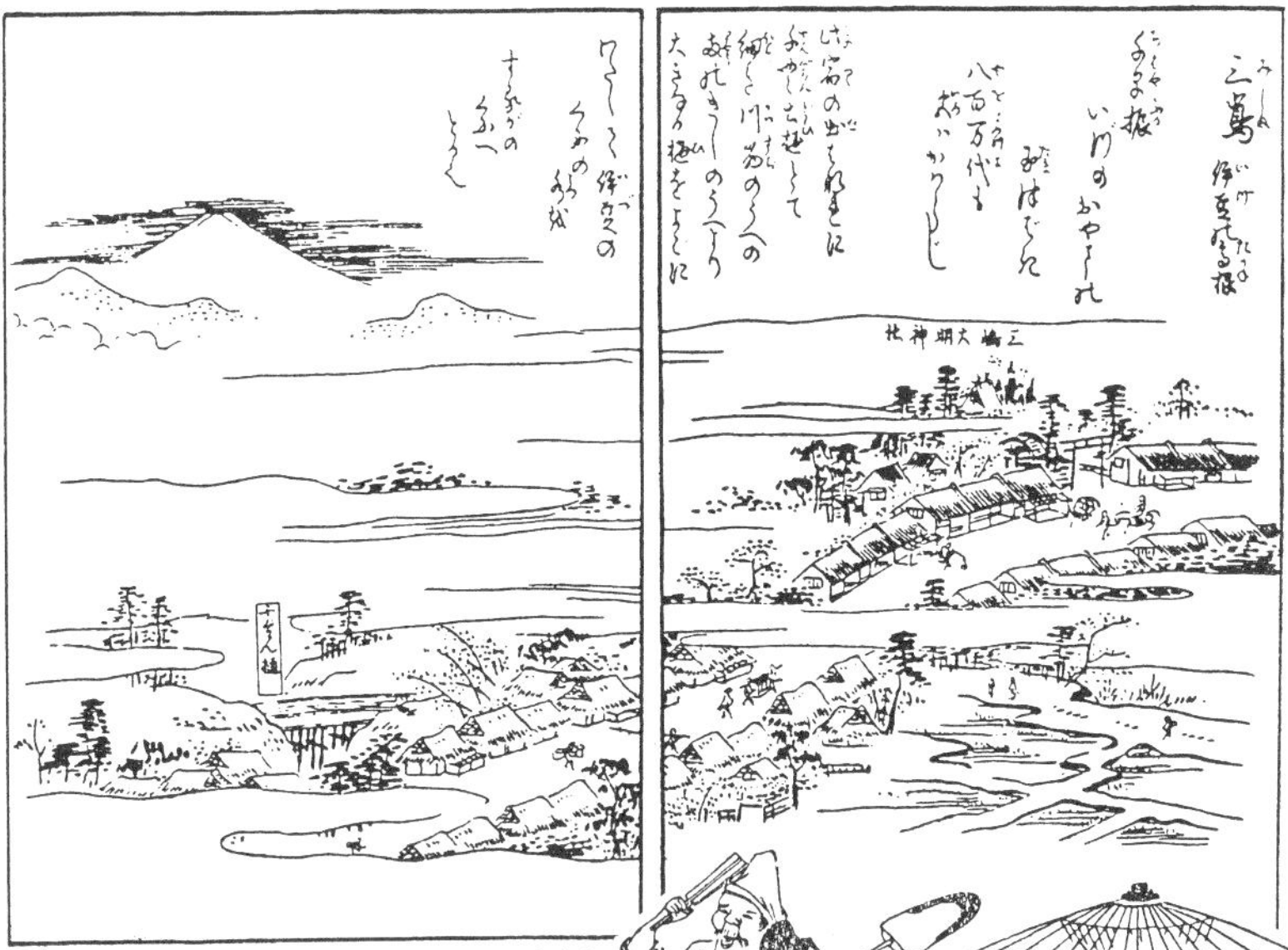

1　三島大明神社（『東国名勝志』寛政５〔1793〕年）

2　三島神社の田祭（『東海道名所図会』）正月７日（『東海道名所図会』には６日とある）に行われる五穀豊穣・天下泰平を祈る神事。白い面をつけた舅（穂長）と黒い面をつけた婿（福太郎）が、苗代所の選定や種まき、鳥追などの稲作行事を狂言仕立てで演じる。

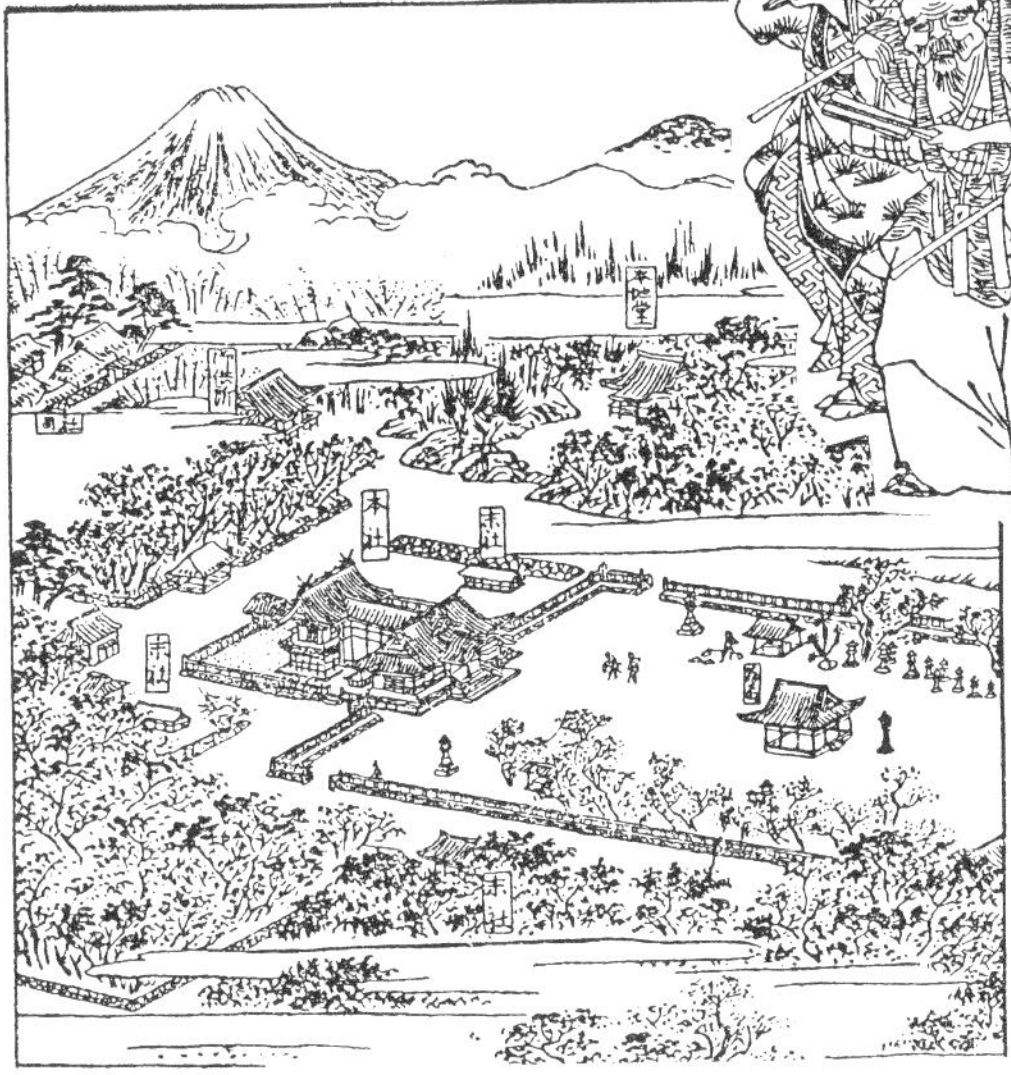

3　三島神社（『東海道名所図会』、寛政９〔1797〕年）

遊女も年季が明ければ前職を問われずに結婚した

東海道〈駿河〈静岡〉〉

今でも、江戸時代に宿場町や城下町だったところには、その昔、遊女町といわれた一角が残っているところが珍しくない。宿場町や城下町におかれていた遊女町は、どこでも町はずれにあり、その隣りは長吏《ちょうり》村やカワタ村と呼ばれる被差別民の集落が位置する場合が一般的であった。

一九五八年に施行された売春防止法により、日本では赤線地帯は公式にはなくなった。遊女屋だった家はほとんどが旅館に転業したが、一部の有力な遊女屋は料亭に転業した。大阪市に今もある飛田《とびた》は、大正時代の遊廓の面影をよく残している町として映画の撮影に利用されている。ここでは、料亭や酒場になった今もその店の「ナンバーワン」の女性と「やり手婆」といわれる女性が入口に立って客引きをしている。

『東海道中膝栗毛』にも、いくつかの場所で遊女町が登場する。ここに描かれているのは、遊女屋の店が開く少し前の様子である（図1）。「駅路の遊君は班女照手の末流にして」というのは、小栗判官・照手姫の話で有名な、あの照手姫のことである。神奈川県藤沢市の遊行寺に二人の墓がある。

図中には「いかになよ　旅の殿さ、おくたびれてあるべい」という方言が記されている。化粧に余念のない遊女屋の前では、商売を切り上げたらしいカゴ屋が二人描かれている。客引きらしい女性も描かれている。江戸の昔には、遊女をしていても、たいていは年季が明ければ普通の結婚ができた。もと遊女だったからといって差別はされなかった。遊女になるのも、ひとつの職業選択という考え方だったらしい。それに、誰でもどこの地域でも遊女になる可能性がある社会だったから、特別視をしなかったのである。

1　沼津辺の宿駅（『東海道名所図会』、寛政九（一七九七）年）（上・下図）
図中には「駅路の遊君は班女照手の末流にして、今も夕陽ななめなる頃、泊り作らんとて両肌ぬいで大化粧」とある。

3　遊女（『吉原美人合』明和 7〔1770〕年）

「雲助」は強請《ゆすり》たかりをしていた籠舁《かごか》きの代名詞だった

東海道（遠江〈静岡〉）

『ビッグコミックオリジナル』という漫画雑誌に、「はぐれ雲」という連載漫画がある。この漫画の主人公のはぐれさんは、もとは武士だったが、今は問屋場の頭《かしら》をしているという設定である。漫画には籠を担ぐ人足が数多く登場する。この人足が雲助と呼ばれ、強請たかりの代名詞にもなっている人達である。

「箱根八里は馬でも越すが、越すに越されぬ大井川」といわれたように、大井川は雨が降るとすぐに川止めがされた（図3）。江戸時代には、軍事的な理由から河川には橋を架けさせなかった。橋があれば、幕府に対して叛乱を起こした軍勢が、一気に川を渡って押し寄せることができるからである。

そのために、旅人は梅雨時や台風などの時期には、よく旅の途中で川止めにあった。それだけではなく、大井川などの河川では、普段の旅の時でも、川の流れが急なのを理由にして、川の真ん中あたりまで行った時に、わざと客を川の中に振り落とそうとしたり、いつもの倍の渡し賃を請求する雲助が多かった。

箱根越えなどの時でも事情は同じだった。難所を理由にして、山越えのときに法外な料金を旅人に請求する者が多かったのである。ここに描かれている雲助の一人はかなり人相が悪いが、当時の雲助が人々にどのように思われていたかをよくあらわしている絵である（図1・2）。隣の男は、遊廓にでも登楼して遊ぶ夢を見ているところか。いつの世でも、見る夢の内容にはあまり変化がないようである。

元禄時代に東海道を通行したオランダ使節のケンペルも、雲助については悪評を記している。だが、雲助のような連中が存在しても、東海道の旅はまちがいなくかなり便利だったはずである。

1　雲助（『東海道名所図会』秋里籬島、竹原信繁画、寛政９（1797）年）　図中には「雲は山川の気なり。天に垂れ空に飛んで動静みな無心なり。また道中筋に靉靆（あいたい）するはこの外にして、無心の境界に似て、仕様事なしの風に従ひ東西に来往す。これを雲助といふ」とある。

2　雲助（『東海道名所図会』）　図中には「雲助行　雲助是れ何者ぞ更に雲助の児に非ず。昔を尋ね元歴々、如何ぞ今此の姿。一朝勘当を蒙り十年艱難を受く。塩を踏みて体能く固まれり。秋に至りて肌毎(つね)に寒し。……徘徊の街道筋、生馬の睛（めだま）を抜かんと欲す」とある。

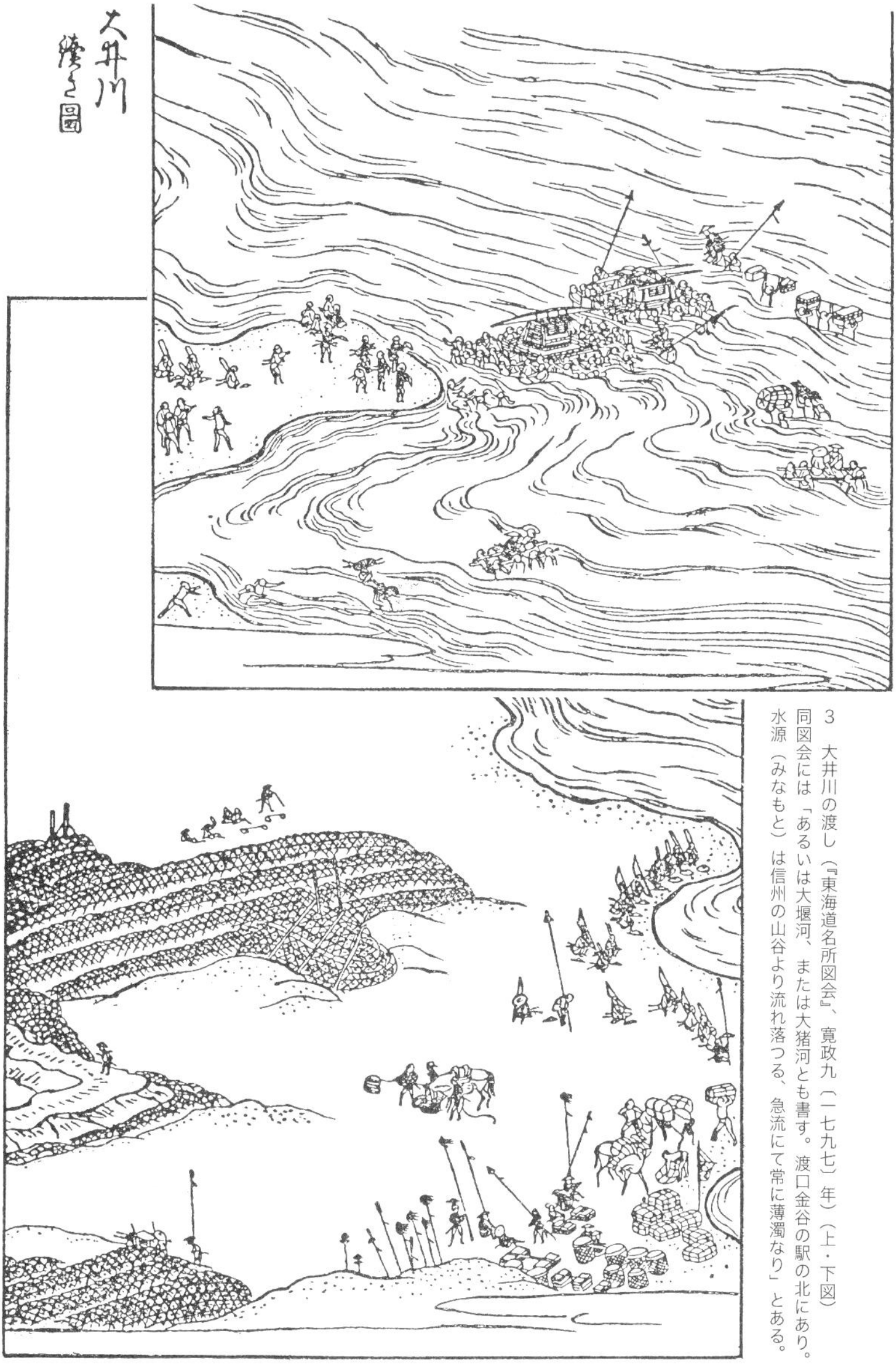

3　大井川の渡し（『東海道名所図会』、寛政九（一七九七）年）（上・下図）
同図会には「あるいは大堰河、または大猪河とも書す。渡口金谷の駅の北にあり。水源（みなもと）は信州の山谷より流れ落つる、急流にて常に薄濁なり」とある。

風を嫌う椎茸の栽培方法

東海道〈遠江〈静岡〉〉

椎茸（図2）は、保存食物として有名である。現在では、楢《なら》の木に菌を植えこんで一年くらい寝かしておくと、菌を植えた木から椎茸が生えて来る。最近では、菌を植えこんだ楢の木そのものを売っているのをみかける。

江戸の昔には、椎茸は文字通り椎の木に生えたものをいった。ただし、椎の木に自然に生えるものは少なかったために、椎茸を作る方法があった。まず椎の木を伐って一か所に集め、米のとぎ汁を注ぎながら木を腐らせて、上を薦《こも》で覆って風を防ぐ。一年くらい経つとそこに菌が付着して椎茸が生えてくる。

この絵（図1）の椎茸栽培の場所は谷間のようで、上に覆いはないが、岩や木で風を防いでいたらしい。

椎茸の産地は、日向国（現在の宮崎県）のものが上品だったが、後には大和国（現在の奈良県）吉野地方や伊勢山のものの方が美味といわれた。吉野地方などでは、たくさん伐り出した垂《しで》の木を一か所に集めて少し土に埋め、回りを筵《むしろ》などで囲い、風を防いで一年ばかり放置しておくと菌が付着して、自然に椎茸が採れた。この場合には、米のとぎ汁などはかけなかった。この方法だと、本格的に椎茸が生えて来るのは、木を伐り出してから三年目くらいからだったようだ。

椎茸は、春から秋までは採れるが冬には採れない。味も香りも良いのは春物である。傘の肉も厚いものが上品とされている。細かく切っておけば保存食として一年中利用できた。『和名抄』では菌という文字をタケと読んでいる。

1　街道沿いの椎茸栽培（『東海道名所図会』、寛政９〔1797〕年）（上・下図）
図中には「秋葉の近く石打村には渓川に椎材を多く立て双べて椎茸を作る。匂ひよくしてこの地の名産とす」とある。

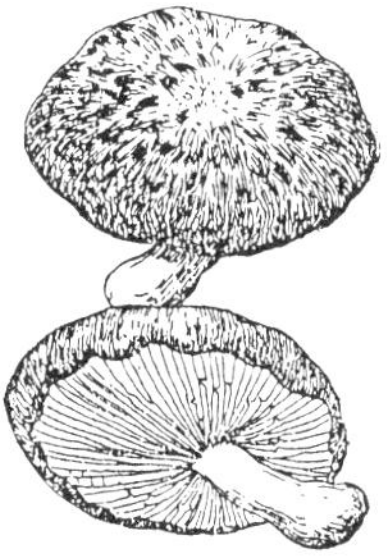

2　椎茸（『大植物図鑑』）

盛大な津島の船祭にはそれを支えた経済力があった

東海道〈尾張〈愛知〉〉

全国各地の祭りで、江戸時代に起源をもつ祭礼は多い。しかし関東地方では、江戸時代の後期になって、やっと史料にも現れるような祭りが行われたという伝承をもつ村がかなり多い。

村の成立にしても、江戸時代以前の歴史は「不詳」としている所がかなりある。これは、それ以前に勢力を張っていた小田原北条氏の家臣であったことが知られたら、時代が変って徳川の世の中になり、幕府からどんな仕返しをされるかわからないという疑心暗鬼から発した村々の生き残り策だったのである。

この絵（**図1〜4**）は尾張国の津島神社の祭礼（津島祭）である。津島神社は『延喜式』にも載っている古社である。中世には京都の祇園社と同じく牛頭天王を祀るようになった。前述したように、関東地方にはこのような由緒をもつ古社はきわめて少ない。

津島祭は、京都の祇園祭をまねた船祭である。津島の中心市街は、この船祭の行われる津島神社の河湊だった。江戸時代に入り、綿織物の一大産地となった。そのために、祭りもこの絵にみられるような盛大なものになった。津島の地に財力があった証拠である。明治になってからは毛織物の産地となった。

この津島の町は、木曾川に沿っていたために、江戸時代以来たびたび大洪水の被害を受けた。津島神社の周囲には、江戸時代の中期には四か所の被差別部落があったが、その後は二か所になっている。この津島神社は、中世の南北朝の時代には南朝を支持していた。江戸時代に被差別部落とされた地域は、全国的にも多くは南朝を支持していた。

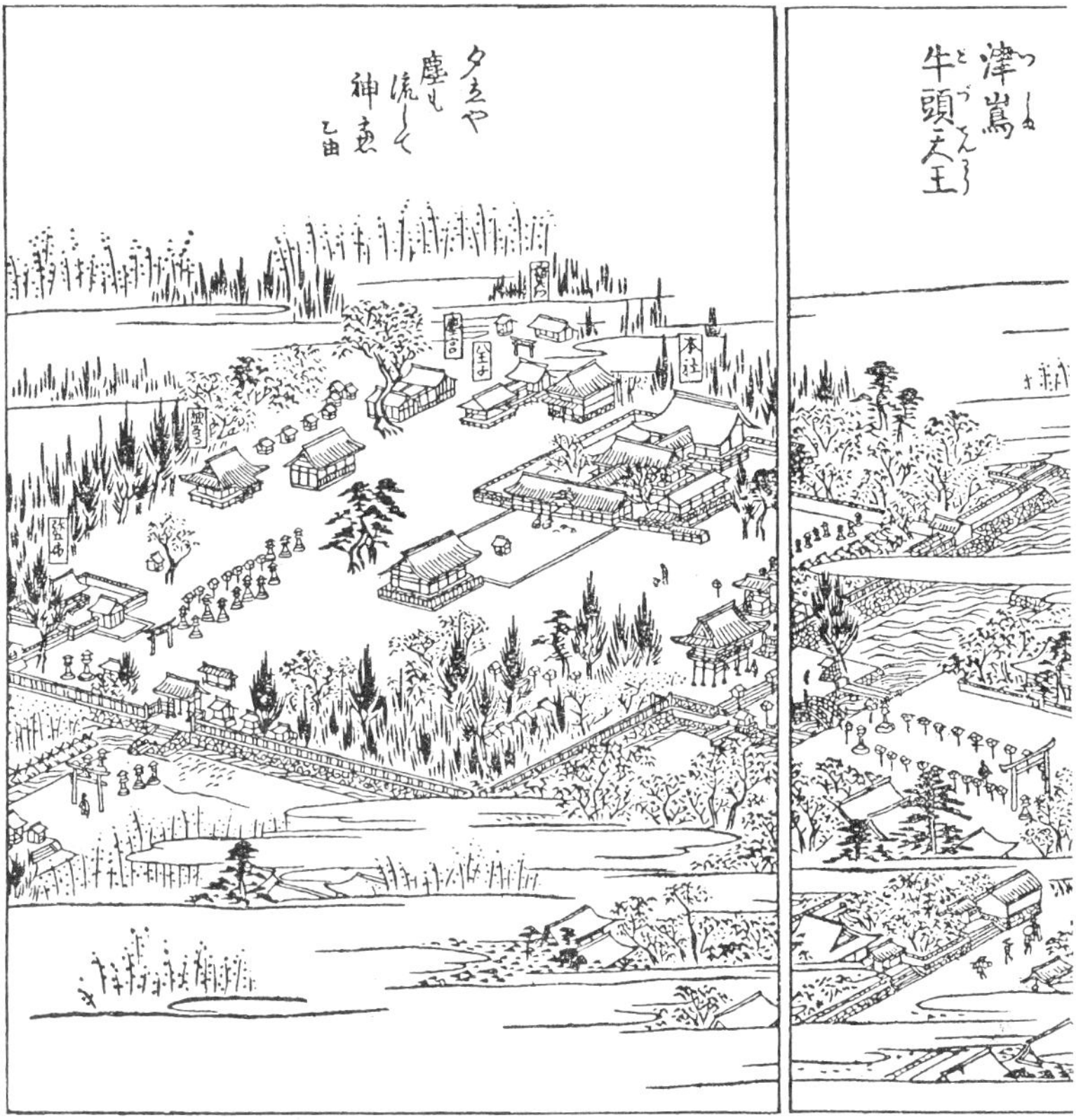

1　津島牛頭天王（『東海道名所図会』、寛政９〔1797〕年）　図中には「夕立や塵も流して神慮　乙由」とある。

2　津島神社の流鏑馬
（『東海道名所図会』）

3　津島神社の朝祭（『尾張名所図会』天保 15（1844）年）

図中には「津島祭は毎年六月十五日なり。車楽（だんじり）五輌、山車（やまぐるま）五輌を船に乗せて囃し立つるなり。十四日宵宮祭には、これに挑灯を数百掲げて蟻の這ふまでも見え、水面にかがやきて風景斜ならず。賑しき事は京の祇園会に四条河原の夕涼をひとつ見るがごとし。尾州においての奇観なり」とある。

4　津島祭（『東海道名所図会』秋里籬島、竹原信繁画、寛政９〔1797〕年）

漬物が祭神として祀られている神社

東海道〈尾張〈愛知〉〉

寺は、その属する宗派によって、本尊様とされている仏様はだいたい同じ名前である。たとえば真言宗では大日如来を祀っているが、この仏様は宇宙を照らす太陽で、万物の慈母であるとされている。西日本各地や北陸地方に勢力を張っている浄土真宗は阿弥陀如来を祀り、阿弥陀仏の他力本願の信心により成仏することを宗旨としている。各地の寺や神社によくみられる薬師如来は、すべての人々の病患を救うといわれている。

しかし、神社に祀られているカミは、仏様のようにその数が少ないわけではなく、一般的に「八百万《やおよろず》の神」といわれているほど、じつにさまざまである。

現在の愛知県海部郡甚目寺町《じもくじちょう》には、漬物が祭神となっている萱津《かやつ》神社がある。ここに掲げている絵は、熱田神宮の祭礼に土器を納めた御器所《ごきそ》村（名古屋市昭和区）の様子を描いたものである（**図1**）。御器所村も明治になるころまではたくあん漬けの産地として有名だった。たくあん漬けは、大根の保存食である。

甚目寺町の萱津神社では、キュウリやナスといった野菜を、腐らせて捨ててしまうのはもったいないからと、漬物を作って保存するようになった。それが神社の祭神となったのである。甚目寺町の旧鎌倉街道沿いにこの神社は建っている。神社そのものは、かなり古い歴史をもっている。現在はそれほど広い境内ではない。絵の説明文を読むと、熱田神宮の周辺の村々では、どこでもたくあん漬けを作っていたらしい。その年の十月ころから作り始めて正月ころまで作っているというから、冬大根を漬けたことがわかる。

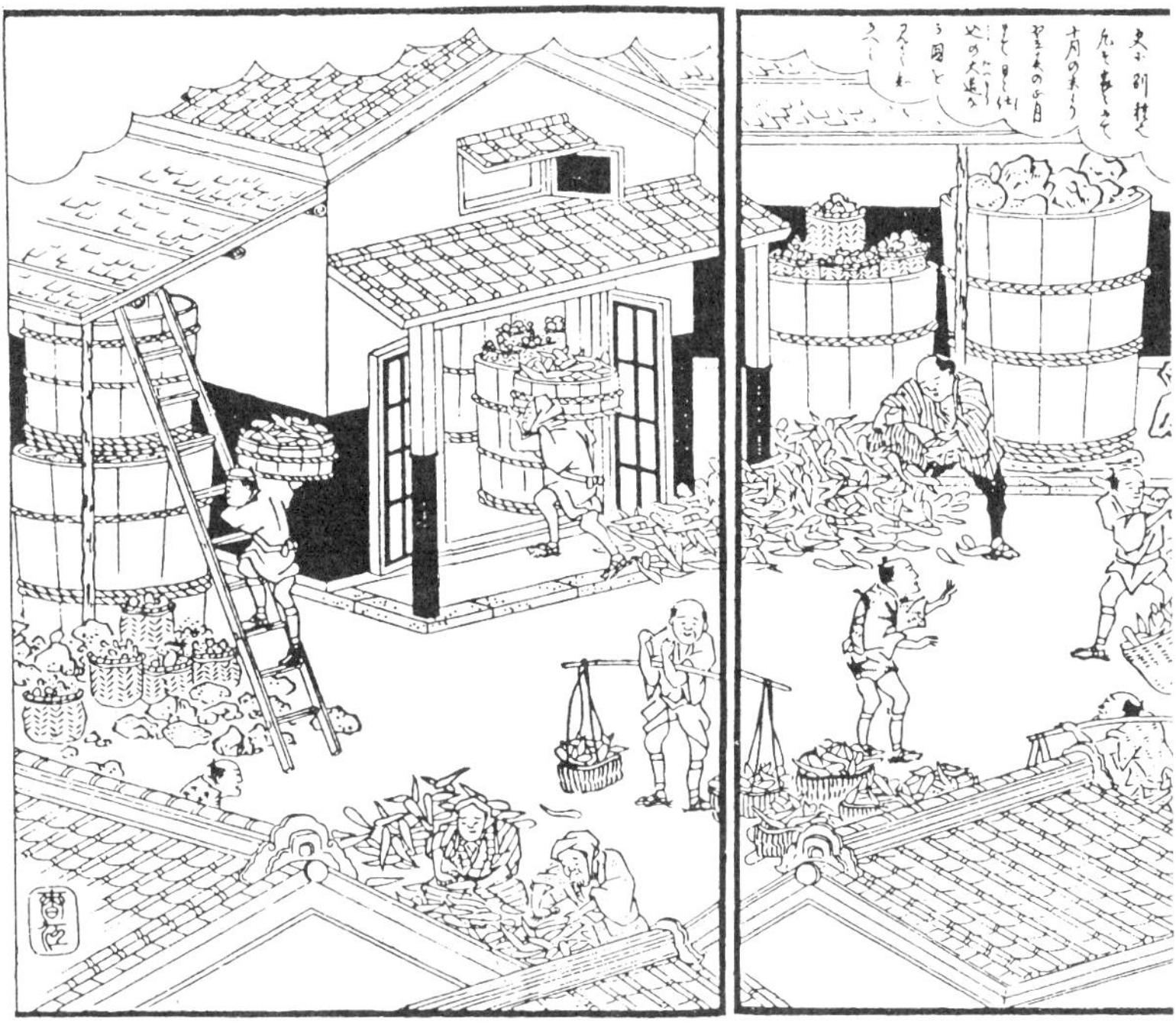

1　御器所村の沢庵漬（『尾張名所図会』天保 15〔1844〕年）

図中には「御器所村及びこの辺の村々すべてこれを製す。年中日ごとに担夫買ひとりて府下に鬻（ひさ）げり。さてこの大根を東畠と称して宮重方領などの名産とは更に別種なり。およそ家々にて十月の末より翌春の正月まで日々仕込の大造なる」とある。

2　沢庵漬（『四季漬物塩嘉言』天保七（一八三六）年）

第２章　西日本のくらし

道標はさまざまで、石灯籠や道祖神などもあった

東海道と中山道の分岐点である草津追分の様子を描いたものである（図1）。草津追分は現在の滋賀県である。東海道は品川から大津まで五三宿、大津と大坂の間に四宿、中山道は板橋から守山までの間に六七宿が設けられていた。街道には、五街道をはじめとして、脇往還《わきおうかん》（脇街道）と呼ばれる街道もあった。

街道には、脇往還も含めて絵にあるような道標が立てられた。旅人の道程の目安となったものには一里塚や名所旧跡を示すものもある（図2）。道標は、街道の分岐点に立てられることが多かった。道標の側面を東西南北の方向に見立てて、それぞれの側面に行き先を記したのである。この絵の道標にも、「東海道」という文字と「中仙道木曽街道」と刻まれているのがわかる。ここでは「中山道」ではなく、「中仙道」とあるが、正式には「中山道」が正しい。道標は、ここに描かれているような石柱が多かったが、庚申塔《こうしんとう》や道祖神、石灯籠や常夜灯といったもので代用している場合もあった。

着物を脱いでホコリを払っているのは猿回しである。道標の上に猿がいるのでそれとわかる。道標の横には大きな高札《こうさつ》も立てられている。高札の横には、動物が入れられている大きな檻《おり》が置かれ、女性や子どもが珍しそうにながめている。猪のようにも見えるが、手を出しているところを見ると、凶暴な獣ではないらしい。煙管《きせる》をくわえた男はこの檻の担ぎ手か。草鞋《わらじ》を履き変えたところらしい。このような道標は、幕府の指示で設置されたわけではなく、多くは街道を稼ぎ場所にしているかご屋の経営者や、寺社詣でをしている講中の人々などによって立てられた。そのために、統一した規格というものがなかった。

図中左には「草津から右へ曲れば東海道　直は岐岨路に　名護屋　中仙」とある。

1　草津追分（『東海道名所図会』秋里籬島、竹原信繁画、寛政９〔1797〕年）

2　白鳥山康楽寺門前（『善光寺道名所図会』嘉永二〔一八四九〕年）同図会に「開基西仏法師（親鸞上人へ附属の御弟子」とある。

螢が教えてくれる自然との共生

東山道（近江〈滋賀〉）

石山寺辺の螢狩りの絵である（図2）。あまりにありふれているせいか、江戸の町での螢狩りの絵は見られるが、各地の風物を描いた絵で、螢狩りのものはあまり多くは見られない。

今では、かなりの山間部に行かないと螢そのものを見ることができないが、東京オリンピックのころまでは、各地の農村に行けば螢はよく見られた。東京でも、五日市や青梅の山間部に行くと、今でもまだ、箒《ほうき》で払わないとじゃまなほど螢がいる所がある。

螢は、幼虫・成虫ともに腹の端に発光器がある（図1）。幼虫は暗くて湿った場所に住んでカタツムリなどを食べているが、水中に棲息している種類もある。幼虫や蛹《さなぎ》の発光は明滅しないが、成虫は明滅する。夏の夜に電灯などの灯りに寄って来る。螢狩りに行って、夜になって明滅しないで二つの灯りがつきっ放しになっているのは、蛇の目玉だから絶対に近づいてはならないといわれる。蛇も、餌がないと螢などの昆虫を食べたりするので、草むらなどに潜んでいるのである。

螢の光り方は一種類のように思うかもしれないが、種類によって異なる。世界各地には二〇〇〇種におよぶ螢がいるが、日本には約十種類が棲息している。そのうちゲンジボタルやヘイケボタルといった数種類が発光する。なじみ深い「螢の光」という歌曲は、スコットランド民謡に明治になってから卒業式用の歌詞をつけてできた曲である。この絵に見られるような螢狩りができるということは、河川が水質汚濁などの環境破壊にあっていない社会であったことを示す証拠の絵といって良い。

1　ホタル（『毛詩品物図攷』天明５〔1785〕年）

（上段）
石山
蛍狩
ほたる
見や
船頭
酔ふて
おぼつかな
はせを

（下段）
新古今
ほたるの飛びの
ぼるを見て
よみ侍りける
いづちとか
よるは螢の
のぼるらん
行くかたしらぬ
草の枕に
壬生忠見

2　石山螢狩（『東海道名所図会』寛政９〔1797〕年）

江戸時代の神社仏閣は、ほとんどが「女人禁制《にょにんきんせい》」だった

東山道〈近江〈滋賀〉〉

明治までは、各地の神社や寺院では「女人禁制」の所ばかりであった。その理由は、「女性は穢《けが》れた存在である」という根拠のない俗説が広く信じられていたからである。富士山にしても、慶応三（一八六七）年九月にイギリス公使のパークス夫妻が登山をするまでは「女人禁制」の山だった。

今でも「女人禁制」の思想は生きていて、たとえば女性の知事や官房長官でさえも、大相撲の土俵には上がれない。日本相撲協会は「伝統・文化を守る」ことを理由に、女性が土俵に立つことを拒否しているが、アマチュアの日本相撲連盟は、女性にも土俵に上がることを認めている。有名な大阪・岸和田のだんじり祭りでも、女性は「だんじり」に乗れない。ただし、この「だんじり」は女性が乗るには危険すぎるかも知れない。

江戸時代には、多くの寺社が女性の参拝を禁止していたから、女性が参拝できるのは寺社の境内だけであった。その境内の参拝さえも拒否して

1　三井寺女人詣（『近江名所図会』寛政～文政年間（1789～1830年））

いたところがあったのである。富士山では、明治になるまで女性は庚申《こうしん》の年だけ五合目まで登れたが、普通は二合目までしか登れなかった。この絵（図1）は三井寺で、女性が寺に参拝できることそのものが珍しかったから、絵に残されたようである。庚申講とか二十二夜講という女性の祭の日のことであったと思われる。

三井寺は、現在は天台宗の寺門派の総本山である。比叡山延暦寺の山門派に対して寺門派といわれ、双方は長く反目していた。鐘楼の鐘は「三井寺の晩鐘」として有名である。

比叡山は明治五（一八七二）年三月、「神社仏閣女人結界の場所を廃し登山参詣随意とす」という「太政官布告」が出されたのを受けて、同年四月に「女人禁制」を解いている。

湧水は古代水と呼ばれ、「清冷甘味」だった

東山道〈近江〈滋賀〉〉

江戸時代の街道筋の解説書や紀行文を読むと、各地の湧水がよく紹介されている。湧水は、降った雨が土に滲みてすぐに湧水となるのではなく、じつに長い年月をかけて地表に現れてくる。富士山周辺では五〇〇〇年くらい経過した湧水も珍しくなく、なかには数千年とか一万年前の湧水もあるという。たかが水ではないのである。我々が飲んでいる湧水のなかには古代に降った雨も含まれているということである。

街道筋には、どこにも湧水のでる名所があった。現在とは違って、ちょっとした山にも立ち木は数多くあったし、平地でも雑木林はいたるところにあった。そういう場所に浸透してから湧水となった水は、じつにおいしいのである。現在は、「名水」は限られた場所でしか湧き出ていないが、それだけ環境が悪化しているからである。ここに描かれている走井《はしりい》の湧水（図1・2）は、「清冷甘味」だったとある。かなりの勢いで水が湧き出ている様子がよくわかる。水は人間にとって命の次に大事なものであるから、このような湧水の場所はかならず旅行案内に載せられた。

団子（饅頭？）らしい物を前にした女性の横には、杖状の棒を支えにして、大きな荷物を背負っている男が描かれている。このように荷物を支えれば、休憩したあとでもすぐに荷物運びの作業が再開できる。大きな荷物を地面に降ろして、それを再び背負うのは、大変な労力を必要とする。これも生活の智恵である。木の柱というのは、「一寸千貫」といわれるように、一寸角の柱なら千貫（約三七五〇キログラム）の重みに耐えられる。そのような知識がこのように生かされているのである。民衆知を軽視してはならない。

1　走井の湧水（『東海道名所図会』秋里籬島、竹原信繁画、寛政９（1797）年）　同図会には「逢坂、大谷町茶店の軒端にあり。後の山水ここに走り下つて湧き出づる事瀝々（れきれき）として、寒暑に増減なく甘味なり。夏日往来（ゆきき）の人、渇（かつ）を凌ぐの便（たより）とす」とある。

2　走井の湧水（前頁の続き絵）　図中には「走井にひたもの涌くやちり紅葉　湘夕」とある。
また、走井は平安時代より湧水の地として知られ、『拾遺和歌集』（巻17・雑秋）には、「走り井のほどを知らばや相坂の関引き越ゆる夕かげの駒」（清原元輔）などの歌が収録されている。

馬で荷物を運ぶときには重量制限があった

東海道（伊勢〈三重〉）

東海道の宿場である桑名の焼き蛤《はまぐり》は、すでに江戸の昔から有名であった。ここに描かれているのは、その焼き蛤を売っている店である（図1）。蛤を焼いているのも、店の前で客引きをしているのも、若い未婚の女性である。眉毛が描かれているから間違いない。蛤を焼いている店の正面には、籠舁《かごか》きが二人、タバコを吸いながら休んでいる。その上に描かれている尻端折《しりっぱしょ》りをしている黒い羽織を着た男は武士である。刀に覆いを付けているから旅の途中なのであろう。旅が普通に行われるようになると、ここに描かれているような名物が各地に生まれた。桑名の隣の四日市追分では饅頭《まんじゅう》が名物だった。

この絵では、左下に馬の背に荷物を括《くく》り付けて運んでいるところが描かれている。これは本馬《ほんま》と呼ばれた荷物の運び方である。この馬の場合には、最大でも四十貫目の荷物であったはずである。およそ一五〇キログラムくらいの重さである。荷馬は荷物だけでなく人も運んだが（図2〜5）、現在同様、重量超過問題がよく起きる。江戸の昔でも事情は同じで、荷物を運ぶのを依頼する方は、少しでも余計に荷物を運ばせようとする。幕府は重量制限を厳重に守らせるために、たびたび法令を出したが守られなかった。そのため、正徳二（一七一二）年に貫目《かんめ》改所《あらためしょ》を設置して、街道を通行する荷物の重量検査を行うようになった。この処置は、宿場や助郷の人馬を保護するためであった。馬は過酷にあつかうと寿命が短かかったためである。改所は最初、東海道の品川、駿府、草津、中山道の板橋、洗馬に設けられた。後には千住や宇都宮、内藤新宿、甲府、中山道の追分にも設置された。

図中には「四日市・桑名のあひだ富田・おぶけの焼蛤は名物にして、ゆききの人もここに憩ふて酒を勧めこれを賞翫す。しぐるるややき蛤のにゆる春　斑竹」とある。

1　富田宿の焼蛤屋（『東海道名所図会』寛政９〔1797〕年）

【荷馬のいろいろ】

3　（『和泉名所図会』寛政８〔1796〕年）

2　（『伊勢参宮名所図会』寛政９〔1797〕年）

5 （『伊勢参宮名所図会』）

4 （『伊勢参宮名所図会』）

「禁漁区」の多くは豊富な漁場であり、化け物も出現した

東海道〈伊勢・志摩〈三重〉〉

伊勢神宮（図1）に供えるための、神饌《しんせん》の漁場であった阿漕《あこぎ》が浦の様子を描いた絵である（図2・5）。船同士が争っているところであるらしい。

阿漕が浦は、現在の三重県津市の南部に位置する伊勢湾に面した海岸である。古くから伊勢神宮に神饌を供えるための漁場であり、禁漁区であった。その昔、母親の病気を治したくて、禁漁区であることを承知で漁をした阿漕平治が海に沈められたという伝説の海である。「あふことを阿漕の島に引く網のたびかさならば人も知りなむ」（『古今和歌六帖』）の歌にちなむ海である。阿漕が浦は、後に謡曲「阿漕」や古浄瑠璃の「あこぎの平治」となった。津市柳山平治町に阿漕塚が残されている。

海の漁でもそうだが、山の猟でも化け物が出るとか、鬼が住んでいるとか、祟《たた》りがあるなどの噂のある地域は、たいていが山の恵みが豊富である場合が多い。うっかりそこを人に教えたり、知られたりしたら大損害になる場合に、一番良い方法がそうした噂を流すことなのである（図3・4・6〜11）。山の恵みの栗や茸の場合には、毎年同じ場所で採集できる。茸は種類によっては高い値段で換金できる。そして当たりはずれがそれほどない。一度出る場所を見付けたら、金脈を見付けたのと同じなのである。

山間の場合には、祟りがあるという場所は、隠し田があったり、古代の古墳から金製品が採掘できたり、なかには隠れキリシタンがその遺物を隠した場所もある。いずれにしても、「禁止」という場合には、本当の禁止の理由は隠されているとみた方が良いのである。

1　外宮正殿（『伊勢参宮名所図会』）

2　阿漕浦（『伊勢参宮名所図会』寛政９〔1797〕年）

3　海座頭（『怪物画本』李冠光賢画（鍋田英模写）、明治十四（一八八一）年）

4　悪魚を喰らう海童（『於杉於玉　二身之仇討』山東京伝、歌川豊国画、文化四（一八〇七）年）

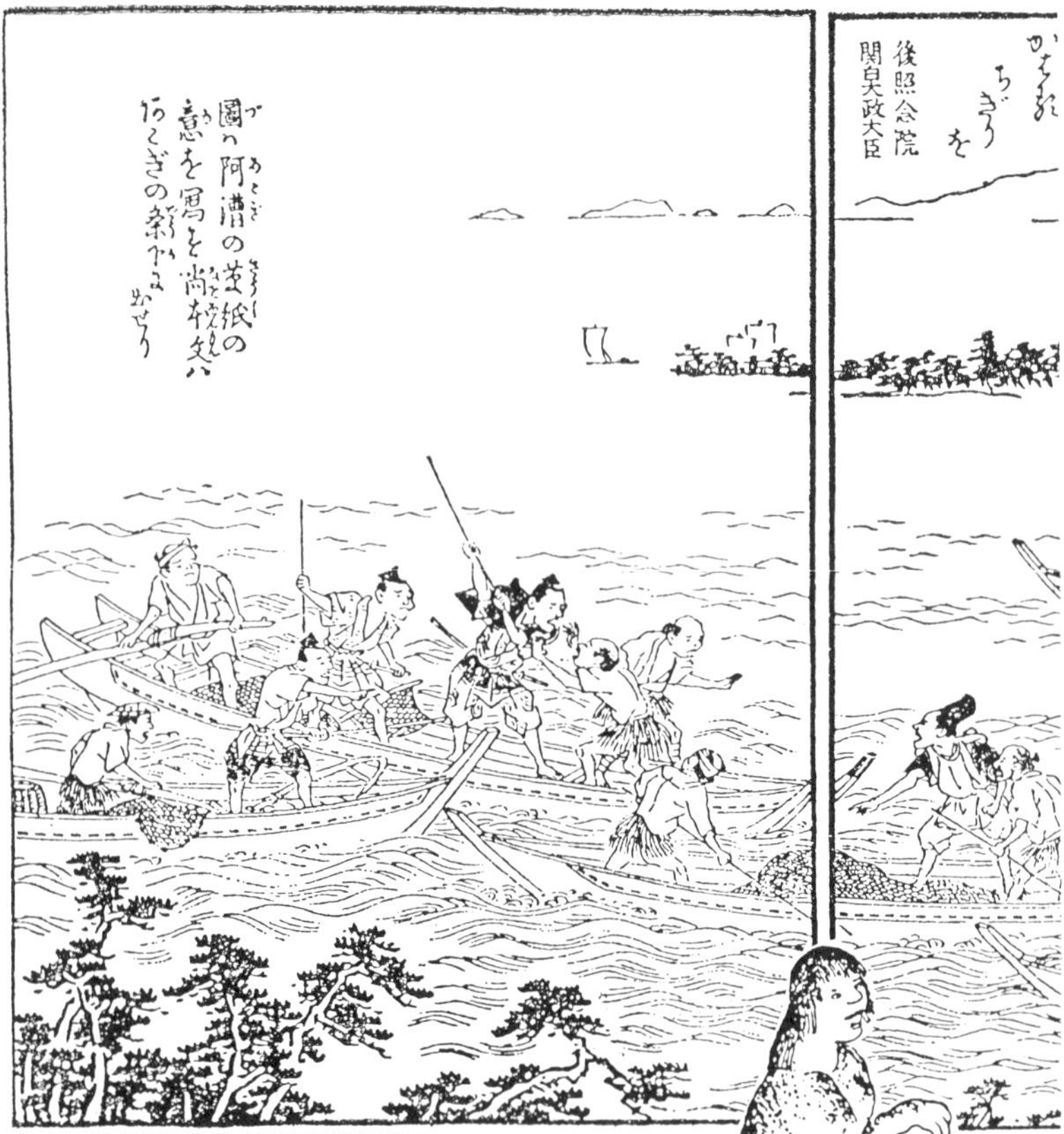

5　阿漕浦（前頁の続き）（『伊勢参宮名所図会』）

6　海人（『長崎見聞記』広川獬、歌川豊国画、寛政十二（一八〇〇）年）

7　海坊主（『怪談大団扇』刊年不祥）

8　巨大化地蔵（首斬地蔵）（『本朝酔菩提全伝』山東京伝、歌川豊国画、文化年間〔1804～18年〕）

9　善を護し悪を罰する天狗（『本朝酔菩提全伝』）

10　山童（『百鬼夜行』鳥山石燕、安永5〔1776〕年）

11　河童（『百鬼夜行』）

アワビ採りには信心深い人が多い

東海道（伊勢〈三重〉）・南海道（紀伊〈和歌山〉）

アワビ採りは、伊勢国や紀伊国がよく知られている（図1・3）。深い海に入り、アワビを採るのはおもに女性の仕事であることは今日でもよく知られている。アワビ採りは、深い海にもぐっての作業であるから、つねに危険と隣り合わせている。そのために海女は大変に信心深い人が多い。海底での孤独や、事故などのことを考えると、信心深くなるのは当然かもしれない。

漁師の場合には、漁船が完成すると、最後に船霊が入れられる。船霊は船の守り神で、普通は人形一体、サイコロ二個、五穀、船頭の女房の髪の毛、十二枚の穴あき銭を紙に包んで、これを船のどこか一部をくり抜いた穴に入れておくのである。この穴はすぐには見つからないようになっている。

この船霊を入れる時には、入れる場所を金槌で叩いて洗米とお神酒《みき》を供える。そのうえで呪文を唱えて船霊を納めるのである。この船霊は、あまり不漁が続いたりするとすべて取り替えられたりする。

アワビ採りの海女の場合には、手ぬぐいやノミに☆印や網状の模様を付けている。☆印は、陰陽師《おんようじ》としてよく知られている安倍晴明の使用していた印である。安倍晴明《あべのせいめい》は、式神《しきじん》を駆使したと『今昔物語』などに伝えられている。『金烏玉兎集《きんうぎょくとしゅう》』は晴明の著作と伝えられているが、晴明自身は平安時代には賎視されていた。全国各地に陰陽師や晴明の伝承は残されているが、☆形の敷地の神社も珍しくない。

伊勢国だけでなく大和国にも晴明伝承はよく残されている。陰陽道の信仰が広く信じられていた証拠である。海女が付けている☆印は、セーマンとかシメハンなどと呼ばれている。

1　伊勢アワビ採り（『日本山海名産図会』寛政11〔1799〕年）

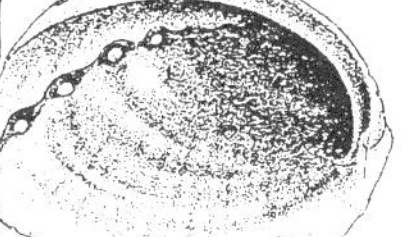

2　アワビ（『日本重要水産動物之図』1897年）

3　紀伊美保浦のアワビ採り（『紀伊国名所図会』文化8～天保9〔1811～38〕年）　美保浦は現在の和歌山県日高町の海浜。

狐と人間の間に生まれたと伝えられる安倍晴明《あべのせいめい》

畿内（山城〈京都〉）

安倍晴明といえば、現代でも大変に人気のある陰陽師《おんようじ》である（図4）。彼は平安時代の中ごろの陰陽師で天下一といわれた人である。天体の運行をよく知っていて、その異変から人間界に起こる事件をよく見通したという。たとえば『大鏡』には、花山天皇が宮中を脱して退位する一大事を天変によって察知したという話が載せられている。また藤原道長の危機を予知したりもしている。今まさに命の火が消えようとしている病人を、秘術を尽くして生き返らせたとも伝えられている。

晴明は、式神（陰陽師の命令に従って霊力を発揮するいう精霊）を自在に操ることで知られた。人に呪いをかけたり、その呪いを解いたりする手際が非常にあざやかだったから、鬼神を使うとされて大変に怖れられたという。その点が被賎視される原因ともなったのであろう。この絵の一条戻橋（図1・2）は、現在も存在する。しかし、戻橋がかかる堀川は、今は絵のように水量豊かな川ではない。橋もうっかりすると見過ごしてしまいそうな小さな橋である。近くには晴明神社がある。この神社の地が晴明の屋敷跡といわれている。屋敷は、平安京の東北の鬼門を守る位置に建てられたという。

江戸時代には陰陽師といえば土御門家《つちみかどけ》がよく知られているが、この家は晴明の子孫といわれる。晴明自身は、「信太《しのだ》の狐」で有名だが、狐と人間の間に生まれたと伝えられている。狐が詠んだとされる「恋しくばたずね来てみよ信太なる和泉の森（図3）のうらみ葛の葉」の歌が残されているように、現在の大阪府和泉市には聖神社があり、かつてはこの神社の周辺にはカワタと呼ばれる被差別民の集落があった。

1　一条戻橋（『都名所図会』秋里籬島、竹原信繁画、天明６〔1786〕年）　図中には「やましろのもどり橋を　いづくにも帰るさまのみ渡ればやもどり橋とは人のいふらん　和泉式部」とある。

2　一条戻橋（前頁の続き絵）（『都名所図会』）　図中には「婚礼の輿入れこの橋を通ること嫌ふは橋の名によりてなり。また旅立ち人にものを貸すとき通るは、これに反すとやいふべき」とある。また、同図会には「堀川の水上は二流あり。その一は鴨川の枝にして……一条戻橋にて合す。これを小川といふ。また一流は鷹峰より出でて……名を若狭川といふ。ともに戻橋の下にて合し、南へ流れ、東寺を経て上鳥羽において鴨川に入る」とある。

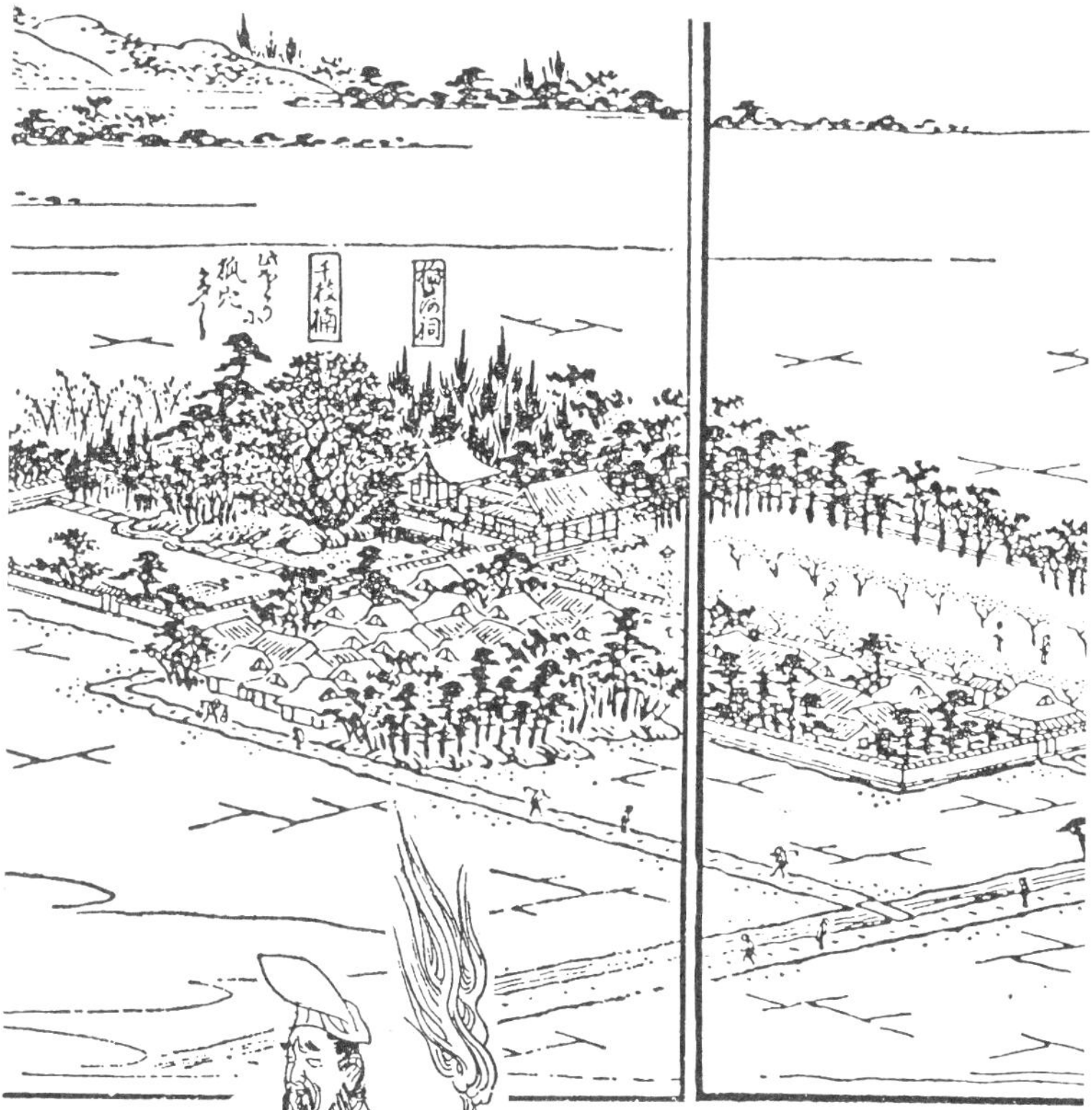

3　信太杜・稲荷祠・千枝楠（『和泉名所図会』秋里籬島、竹原信繁画、寛政八〔一七九六〕年）
同図会には「信太杜　信太社より十町ばかり西なり。いにしへは森の封境広大なり。今は農家建てならびて、かの居地に方二十間ばかりなる森ありて草木繁茂し、尋常（よのつね）の叢林なり。稲荷祠あり。奥に白狐祠あり。林中に狐穴多し。　楠大樹（千枝楠）……そもそもこの地は、信太神、初めて鎮座したまふ所とかや。社伝・旧記なく、ただこの老楠のみありて信太森の名世に高し」とある。

4　安倍晴明（『前賢故実』菊池容斎、天保7～明治1〔1836～68〕年）

茶の湯の興隆が芸術的な茶碗を生み出した

畿内（山城〈京都〉）

茶の湯が最盛期を迎えたのは、豊臣秀吉と千利休の蜜月時代である天正十三～十四（一五八五～八六）年頃と推定されている。焼物も、そのころにひとつのピークを迎えたと考えられている。このころに、茶の湯のための茶碗とは何か、という考え方が生まれた。それは、絵画では幽玄や清冽という描き方があり、茶碗も茶の湯のための焼物を使用するようになったためであろう。

千利休（図2）は個性と作為が表に現れないような茶碗を好み、朝鮮から渡来したといわれる瓦職人の阿米夜宗慶《あめやそうけい》の子供の長二郎にそのような茶碗を作らせた。『都名所図会』の絵（図3）は、その伝統を引き継ぐ陶工を描いたもののように思われる。

これに対して、京都の深草の陶器つくりの絵（図1）は、轆轤《ろくろ》を回しての大量生産品を作っているところである。稲荷神社の前によく置かれている狐の置物や、土鈴なども、型をひとつ作れば大量生産できる。このような大量生産品は生活雑器である。

京都には、本阿弥光悦という焼き物の名品を残した陶芸家がいた。この光悦の茶碗は、どれも非常に独創的で、ひとつとして同じ形の茶碗はない。光悦の茶碗は手捏《てづく》ねといって、轆轤《ろくろ》や型を使わず、指先で粘土をこねて形を整えた器である。釉薬《ゆうやく》にしても他の名工とは違うものを用いている。一見風変わりであっても、茶の湯に使用する茶碗は芸術品なのである。名品を見分けられる眼をもつには、本物を多く見ることだといわれている。

1　京深草陶器（『日本山海名産図会』蔀関月画、天保11（1840）年）

3　五条・粟田口の陶器（『都名所図会』天明六（一七八六）年）

2　大徳寺の千利休像〈模刻〉（中尾秀樹作、個人蔵）

八瀬の人々はなぜ天皇の棺《ひつぎ》を担いできたのか

畿内〈山城〈京都〉〉

八瀬の竈《かま》風呂と薪《たきぎ》売りを描いた絵である(図1・2)。京都市内から比叡山に登っていく途中に八瀬がある。江戸時代には炭焼きと、ここに描かれているような竈風呂で有名だった。

八瀬という地名についての起源にはいくつかの説がある。六七二年の「壬申の乱」のときに、背中に矢を受けた大海人皇子が、この地に竈風呂を作って傷を癒《いや》したことから「矢背」と呼ばれたという説や、南北朝の内乱のときに後醍醐天皇の身辺警護を引き受けて、無事に天皇を京都から比叡山まで脱出させたことに因《ちな》むという説などがある。その功績から江戸時代には年貢免除となり、天皇の牛車《ぎっしゃ》の牛童として仕えたから「八瀬童子《やせどうじ》」という名前が与えられたといわれている。

この八瀬童子が有名になったのは、昭和天皇の葬儀のときである。このときに、八瀬童子会の人々が、「今回も自分たちに天皇の棺を担がせて欲しい」と宮内庁に申し入れをしたことがニュースで流されたからである。八瀬童子会の人々が、明治天皇と大正天皇の棺を担いだのは事実である。だから今回もという要請になった。しかし昭和天皇の場合には、伝統と新時代の折衷という形になり、八瀬童子会の人々は、代表者二人が葬儀に参列することで決着した。なぜ八瀬童子の人々が天皇の棺を担いだのかというと、後醍醐天皇との密接な関係を主張していたからである。

ここの竈風呂では松の葉を燃料にしていたという。古代より仙人になる近道として、松の葉を食べたりする信仰があったから、史料にあるように、「効能勝るる」風呂として有名だったのであろう。

1　八瀬の竈風呂（上・下図）（『都名所図会』秋里籬島、竹原信繁画、天明六（一七八六）年）図中には「大原へ行くとはなしに恋すればやせとほりぬる物にぞありける　清輔」とある。

2　八瀬の黒木売（『百人女郎品定』西川祐信画、享保８（1723）年）

薬用にも食用にもなった蛙

畿内（山城・丹波〈京都〉）

梅雨のころにさかんに鳴くのは雨蛙である。雨蛙の鳴き声はまだまだあちこちで聞かれるが、その他の蛙の鳴き声は、最近はあまり聞かれなくなった。和歌では、蛙のことを「かはづ」と呼び、「かへる」はほとんど使用されなかった。和歌では「かはづ」といえば、鳴き声の美しい「河鹿《かじか》ガエル」（図2）を指した。池や川で、グエッグエッという大きな声で鳴くのは牛ガエルとかヒキガエルと呼ばれている蛙である。

池や川では、ヒキガエルの卵は葦などに産みつけられる。しかし、蛙の卵は鯉の良い餌となってしまうために、池や川に鯉がいたら蛙は絶滅してしまう可能性が高い。それでなくてもヒキガエルは、身体が大きく食用になったから、乱獲されることが多かった。食用になったのは、この絵にあるような赤蛙（図1）も同様である。蛙の姿を最近見かけなくなった原因のひとつは、食用として古くから人間に食べられていたからである。蛙は、焼いて食べると香ばしくて美味だそうである。足などの筋肉が美味いらしい。

もうひとつ、赤蛙だけでなく蛙そのものが少なくなったのは、漢方薬の原料として乱獲されたからである。蛙を捕まえるときには、大きな投網《とあみ》のような網を使う。蛙は灯りに寄って来るという習性があるから、夏の夜などに捕まえるのである。川や池の一点に灯りを集めておくと、蛙が集まって来るから、それを投網のような網で一挙に大量に捕まえる。この絵に描かれている人々は、捕まえた蛙をどうしたのか不明だが、おそらく食用や漢方薬の原料として売り払っていたと考えられる。漁師と同じような、大きな魚籠《びく》を持っているから間違いないであろう。農閑余業としてやっていたと思われる。

1　食用の山蛤（あかがえる）を捕らえる農民（『日本山海名産図会』蔀関月画、天保 11〔1840〕年）

3　石伏（異称ゴリ）などの川魚も河鹿（かじか）とも呼ばれた（『日本山海名産図会』）

2　カエルは河鹿（かじか）とも呼ばれた（『日本山海名産図会』）

漢方薬にもなった山ブドウ

畿内〈山城〈京都〉〉

山ブドウや野ブドウは、蔓《つる》状の枝に生っているブドウである（図1・3）。最近では、野ブドウや山ブドウは食用としてはほとんど顧《かえり》みられなくなったが、巨峰などの栽培されたブドウが出回る以前には、山野に自然に生えている蔓に生っていたから、農作業の合間に食べられた。

野ブドウの味は普通のブドウと変わらない。熟す前だと少し甘みに乏しいが、熟すと自然の甘味が増し、農民にとっては貴重な食べ物だった。野ブドウは、形は桑の実とよく似ているが、桑の実ほど長くはならない。野ブドウは根によって増えるから、枝を切ってもまた生えてくる。

野ブドウとともに、山里や農村でよく食べられていたのはアケビ（図2）であろう。アケビは春先に淡い紫色の花を咲かせる。秋になると楕円形の果実を付けるが、長さは七センチくらいになる。アケビはおもに食用になるが、枝の皮は漢方薬の原料となる。アケビの蔓は籠などの日用品を作るのに利用される。

野ブドウの葉の背中には、薄い毛が生えている。これを採集して乾燥させ、よく揉むと艾《もぐさ》のようになる。これはイボを落とす漢方薬となった。そのため野ブドウには「イボ落とし」という別名もある。中国ではこの野ブドウを使って酒を作った。一般に野ブドウは食べられないといわれるが、実際には食べられていたのである。

野ブドウの蔓の中には白い虫がいて、これが子どもの癇《かん》の虫を直す漢方薬になるといわれる。また、野ブドウの種を取り去って煎じると膏《あぶら》のようになる。

1　山ブドウの収穫（『日本山海名産図会』）

2　アケビ（『備荒草木図』天保四（一八三三）年）

3　野ブドウ（『大植物図鑑』）

かなり古い時代には、祭りには猪や兎などを神に捧げた

畿内〈大和〈奈良〉〉

何ともグロテスクな絵（図1）である。絵の下には奈良名物の鹿が描かれている。この鹿は神の使いだから、神饌には供されなかったらしい。ところが、絵の上の方を見ると巨大な魚に混じってウサギや雉、タヌキ、狐と思われる動物がぶら下がっている。これらの動物や魚は、春日若宮神社の祭りに供えられた神饌であった。神様というのは、かなり残酷なことを好んだようである。創立年代が古い由緒ある神社のなかには、祭りの当日に未婚の若い女性を差し出させたとか、猪を解体して奉納したなどの伝承が各地に残っている。それらは、じつは伝承などではなく、実際に行われていたことだったらしい。

この絵の場所は、大宿所とか遍照院といった。ここで春日若宮神社の祭りを行った。十月晦日に竜田川へ行って水垢離《みずごり》をし、それからこの場所に春日大明神を勧請《かんじょう》した。十一月二十六日には春日神社に参拝したが、これを遍照院の渡りといった。お旅所では流鏑馬《やぶさめ》も行われた。その間に、この絵のような魚や獣がぶら下げられたのである。だが、ここには牛とか馬といった巨大な動物はぶら下げられていない。この絵に描かれているのはいわば小動物であって、猟をする際にも農民の権利に属した動物である。奈良は関西地方になるから、農村に馬が多くいたとは考えにくいが、馬や牛の解体をする権利は当地に居住していた被差別民のカワタにあったはずである。いわば農民とカワタが住み分けていた証拠の絵であると見てまちがいない。自分で飼育していた馬や牛であっても、農民には勝手に解体したり、この絵のように殺したりする権利はなかったのである。江戸時代というのは、そういう住み分けが行われていた時代だった。

1　大宿所（遍照院）の神饌に捧げられる小動物（『南都名所集』太田叙親・村井道弘、延宝３〔1675〕年）

長閑《のどか》そうな絵の背景には、最古といわれる病舎があった

長旅らしい武士にかご屋が声をかけているところらしい（図1）。供の者がひとりのようだから、それほど禄高のある武士ではない。この街道は、奈良の大仏としてよく知られている東大寺大仏殿のちょうど北側にあたる地域を走っている。

奈良坂は、奈良の都の東、京極大路から山城国（京都）の木津へ抜ける京街道にある。般若寺《はんにゃじ》（図2）があるところから般若坂とか、般若寺坂ともいわれている。また芸能の神様として知られている奈良豆比古《ならつひこ》神社もある。この坂が山城国と大和国（奈良県）の国境になっている。現在は奈良少年刑務所もある。

般若寺は、六五四年に孝徳天皇の病気平癒を願って蘇我日向《そがのひむか》が建立したと伝えられている寺である。鎌倉中期の僧の叡尊《えいぞん》が復興して丈六（一丈六尺）の文殊菩薩《もんじゅ》像を安置して真言律宗とした。現在の十三重塔は鎌倉時代のものだが、建てられた時は聖武天皇が大品《だいぼん》般若経を筆写して納めたといわれる。

この絵には描かれていないが、この坂の途中には「北山十八間戸《きたやまじゅうはちけんこ》」というハンセン病の人々を収容していた施設がある。北山十八間戸は、この絵が描かれた時代にも存在していた。建物は横に長い木造の建物である。この建物が日本における病院の初めであるといわれて、建物からは、大仏殿の屋根が正面に見える。国境の坂であるから、被差別部落も当然置かれている。被差別部落は、村境や、郡境、国境といった境界に置かれるのが一般的である。そのために、明治になってから市制町村制が施行された時に、どちらの帰属になるのか揉《も》めたところが多かったという歴史がある。

2　般若寺（『大和名所図会』）

1　奈良坂・般若路・酒野在家（上・下図）（『大和名所図会』秋里籬島、竹原信繁画、寛政三〔一七九一〕年）
図中には「青丹吉ならのおほぢはゆきよけどこの山道はゆきあはしけり　宅守」とある。

物語の舞台は、人々が罵《ののし》り合う奇習で知られる参詣路だった

畿内（河内〈大阪〉）

かつて流行した歌謡曲「野崎小唄」（歌・東海林太郎）は、野崎参りを歌ったものである。古くは歌舞伎や浄瑠璃でも上演された。野崎参りといえば、江戸時代中期の戯曲『新版歌祭文《うたざいもん》』で有名である。安永九（一七八〇）年に大坂・竹本座で初演されると大当たりをとった。久松の許嫁《いいなずけ》のお光が、祝言の当日になってお染に恋をゆずって尼になる「野崎村」（現在の大阪府大東市）の場が大変に有名である。

この『新版歌祭文』を書いた近松半二は、大坂の儒学者の穂積以貫《いかん》の子である。当時活躍していた近松門左衛門にあやかって近松半二という筆名にした。竹本座に入り、竹田出雲に師事して浄瑠璃・歌舞伎作者になった。代表作にはこのほか、『本朝二十四孝』『傾城《けいせい》阿波《あわ》の鳴門』『妹背山婦女庭《いもせやまおんなてい》訓《きん》』がある。現在でも歌舞伎や人形浄瑠璃などで上演されている出し物ばかりである。

互いに罵り合う特異な奇習で知られる。

この作品の裏には実際に起こった心中事件がある。宝

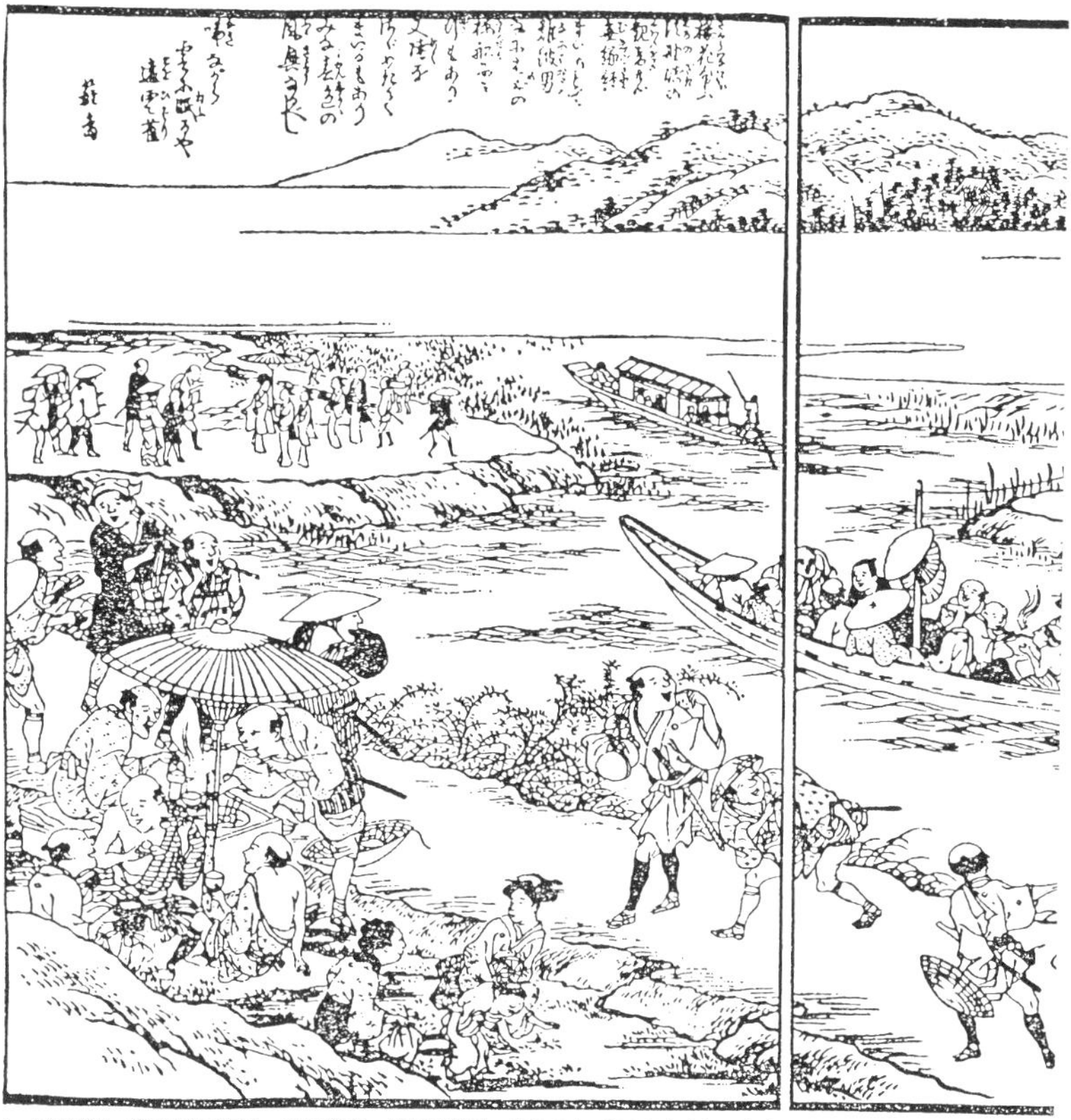

1　野崎参り（『河内名所図会』秋里籬島、丹羽桃蹊画、享和１年〔1801〕年）　陸路を行く人々と水路で行く人が

永五（一七〇八）年に大坂の油屋の娘お染が奉公人の久松と心中した事件は、まず「歌祭文」で歌われて評判となった。その後に近松半二や鶴屋南北が『お染の七役』を書いた。近松半二は非常に合作が得意だったから、事の真相はわかりにくいが、原田光風という人の書いた『及瓜漫筆《きゅうかまんぴつ》』によると、実際には幼女のお染を不注意から川へ落としてしまい、久松はそのために首を吊ったというのである。

今となっては真相はわからないが、この絵（図１）のように江戸時代でも野崎参りが大変に賑やかな旅だったことは間違いなさそうである。

鉄砲は農山村の鳥獣対策用に作られていた

畿内（和泉〈大阪〉）

現在でも、秋の十一月から翌年の三月まで、山野での鳥や猪などの鳥獣に限って猟銃による猟が解禁されているところがある。ちょっとした山里では、禁猟の場であることを示す赤色の立て看板をよく見かける。江戸時代でも事情は同じで、田んぼや畑を荒らす鳥や雀、猪や鹿、猿などの害から農産物を守るために、村々では「村抱え」の鉄砲打ちを雇っていたところが多かった。鉄砲打ちは村の総意で雇われた山里などの猟師など、専門職の人々であった（図1）。

この絵（図2）にみられるように堺（現在の大阪府）の鉄砲鍛冶は、民生用の鉄砲を生産していた。一九世紀のはじめには鉄砲鍛冶は十数軒あって、年間に九〇〇挺ほどの鉄砲を生産していたという。江戸の泰平の世の中では、鉄砲は大量生産の必要がない道具だった。農村では、専門職としての鉄砲打ちを雇ったところだけではなく、金に余裕のなかった村では、田んぼや畑の周囲に土塁を築いて猪や鹿の対策を講じた。このような土塁はかなり広い場所の周囲に築かれた。一か所だけ出入り口を設けて利用したが、一見すると、中世の土豪の館の周囲に巡《めぐ》らした土塁と見間違えるほどの規模であった。この害獣用の土塁は、現在でも群馬県や長野県などでよく見かけられる。

よく知られているように戦国時代には、鉄砲は「種子島」とも呼ばれていた（図3）。当時は坊津《ぼうのつ》、平戸、豊後《ぶんご》、堺などに伝わり、各地に鉄砲鍛冶が興った。なかでも堺と国友《くにとも》、薩摩鉄砲鍛冶が有名であった。鉄砲は、合戦の戦術と築城技術に大きな変化を生んだほど、当時としては革命的な武器であった。

1　鉄砲と猟師（『北斎漫画』葛飾北斎画、文化 11 年〔1814〕年）

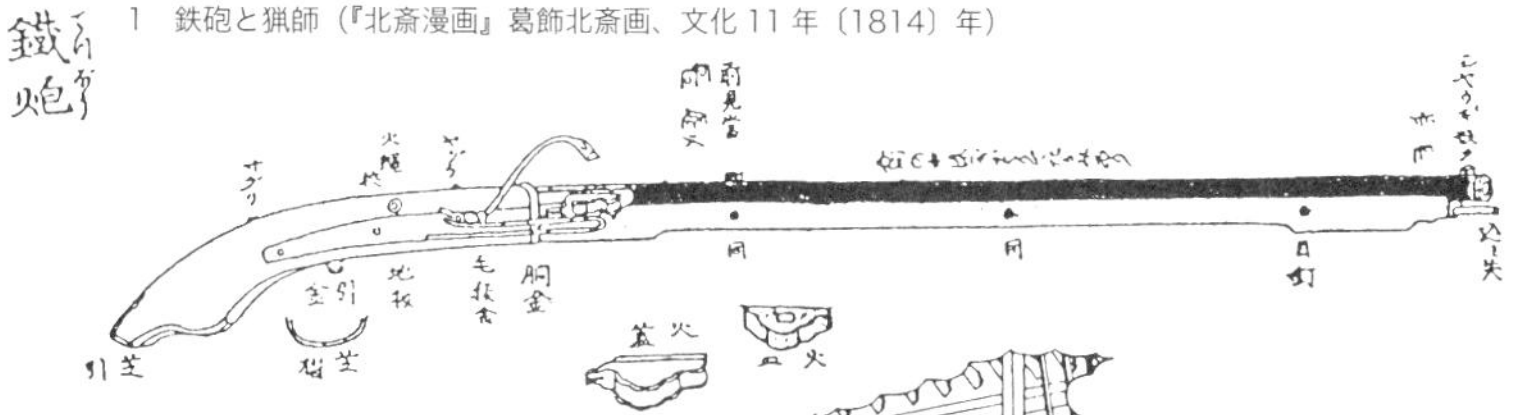

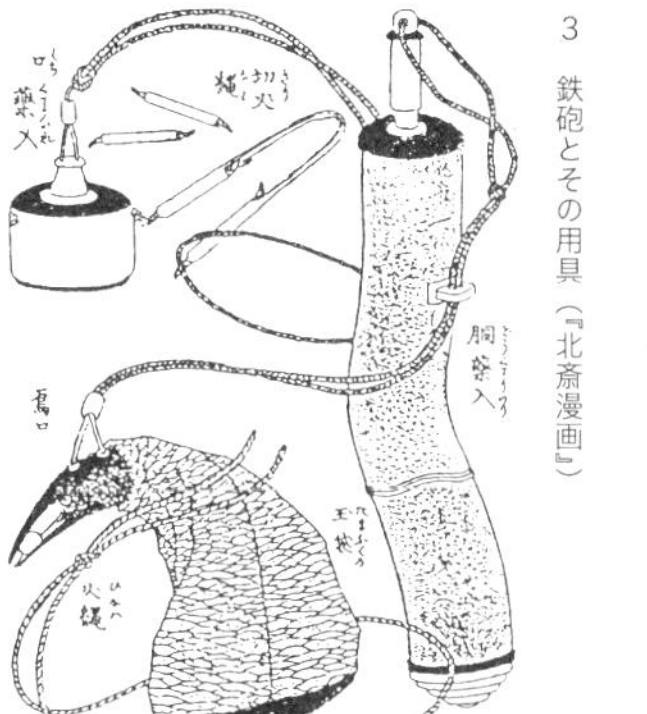

2　堺の鉄砲鍛冶屋（『和泉名所図会』竹原信繁画、寛政八年（一七九六）年）

3　鉄砲とその用具（『北斎漫画』）

竹は大変に用途の広い植物だった

畿内〈和泉〈大阪〉〉

竹の皮を拾っている絵（図1）である。かなり頑丈な竹矢来《たけやらい》が組まれている。竹矢来のこちら側では男が二人、竹の皮を拾っている二人の女性を覗《のぞ》き見ている。女性には眉毛が描かれているから、未婚の若い女性である。男二人は、若い女性たちに関心があるのか、それとも竹の子をねらっているのだろうか。

竹の皮は、竹の子（図2）が育つ時に落とす皮である。竹の子は、土から頭を出したときには何枚もの皮で覆われているが、成長するときにその皮を大量に落とすのである。一口に竹の子といっても、四月ころに育つのは孟宗竹《もうそうちく》で、今日でも竹の子といえば、まず孟宗竹をさすといって良い。しかし、真竹《まだけ》の竹の子は六月ころになって出てくるから、真竹の竹の子を食べるのは梅雨のころが最盛期になる。

竹の子は、かなり古い時代から食用とされた。また、竹の皮は、干して乾かしてから草履《ぞうり》を編むのにも使用された。藁草履はすぐに擦りきれてしまうが、竹の皮の草履は丈夫で長持ちしたのである。干した竹の皮は、柔らかくて草履に編んでも足に当たらなかった。

竹の皮は、弁当の握り飯を包んだり、籠に編んで食べ物を持ち運ぶ時などにも使用された。竹の皮は用途が広かったのである。この絵にあるように、竹矢来を組んでまで竹やぶを守ったのは、竹の子が採れる時期が限られていたことや、竹がさまざまな細工に利用されていたことから、竹の利用を権利と考えていたからであろう。

竹といえば『竹取物語』が有名だが、物語に登場する竹取の翁は、中世社会では被差別民であった。

2　タケノコ（『毛詩品物攷』天明５〔1785〕年）

1　二人の女性の竹皮拾いを覗き見する男たち（『和泉名所図会』竹原信繁画、寛政８年〔1796〕年）

山間の村々にもさまざまな〈芸能者〉が訪れてきた

畿内（河内・摂津〈大阪〉）

相撲というのは、現在では「日本人」力士がなかなか横綱になれない国技である。江戸の昔には「相撲人《すまひびと》」（図1・2・12）と呼んだ。『今昔物語』には「相撲の勝ちたるには、負くる方をばたたきて笑ふこと、常の習ひなり」（巻二十三）とある。『宇治拾遺物語』には、「大井光遠《みつとほ》は、ひきふとにいかめしく、力強く、足速く、みめ、ことがらより始めて、いみじかりし相撲なり」とある。平安時代には宮中の儀式のひとつとして「相撲《すまひ》の節《せち》」というのがあった。毎年、陰暦の七月に、諸国から招集された力士が天皇の前で相撲を取った行事を略して「相撲」といった。古くから相撲取という人々がいたことがわかる。

江戸時代の村々には、さまざまな商売人や職人が訪れた。出家・山伏・修験者・ゴゼや猿回し、田舎渡りの芸人、薬売りや飴屋といった人々である（図3〜11）。このような人々のうち、芸人が興業をする場合には、地元の長吏《ちょうり》頭にまず挨拶して、それから興業が許された。長野県の旧丸子町では、松本へ抜ける街道が長吏頭の家の前で直角に曲がって、長吏頭の家の門前と向き合うようになっているところがある。近世における長吏頭の権威を示す証拠のひとつである。相撲取は芸人に数えられていた。

定住者にとっては、これら諸国を漂泊している人々は、村にさまざまな情報をもたらす存在であったが、同時に伝染病などの病気をもたらす者として警戒の対象でもあった。美空ひばりが主演した映画『伊豆の踊り子』では、村の入口に「旅芸人村に入るべからず」という看板が立てられていたが、この看板は旅芸人の身分の低さに対する差別であるのと同時に、伝染病などに対する警戒のためでもあった。

1　平岡の宮居の相撲
(『河内名所図会』秋里籬島、丹羽桃蹊画、
享和１年〔1801〕年)

2　猪野川沿いの茶店で休む巡業の相撲取(『摂津名所図会』秋里籬島、竹原信繁画、寛政８～10〔1796～98〕年)

3　瞽（ごぜ）（『和国百女』元禄８年〔1695〕年）

4　虚無僧（『絵本吾妻の花』明和５年〔1768〕年）

5　修験者（『西国三十三所名所図会』嘉永６年〔1853〕年）

6　曲芸師（『絵本御伽品鏡』享保 15 年〔1730〕年）

7　蛇使い（『絵本家賀御伽』宝暦２年〔1752〕年）

8　猿回し（『絵本御伽品鏡』）

9　薬売りの辺魂丹（『絵本御伽品鏡』）

10　天満飴売（『絵本御伽品鏡』）

11　松山膏薬売（『絵本御伽品鏡』）

古代大坂勧進相撲の図

名力士で知られた小野川喜三郎（左）と谷風梶之助（右）

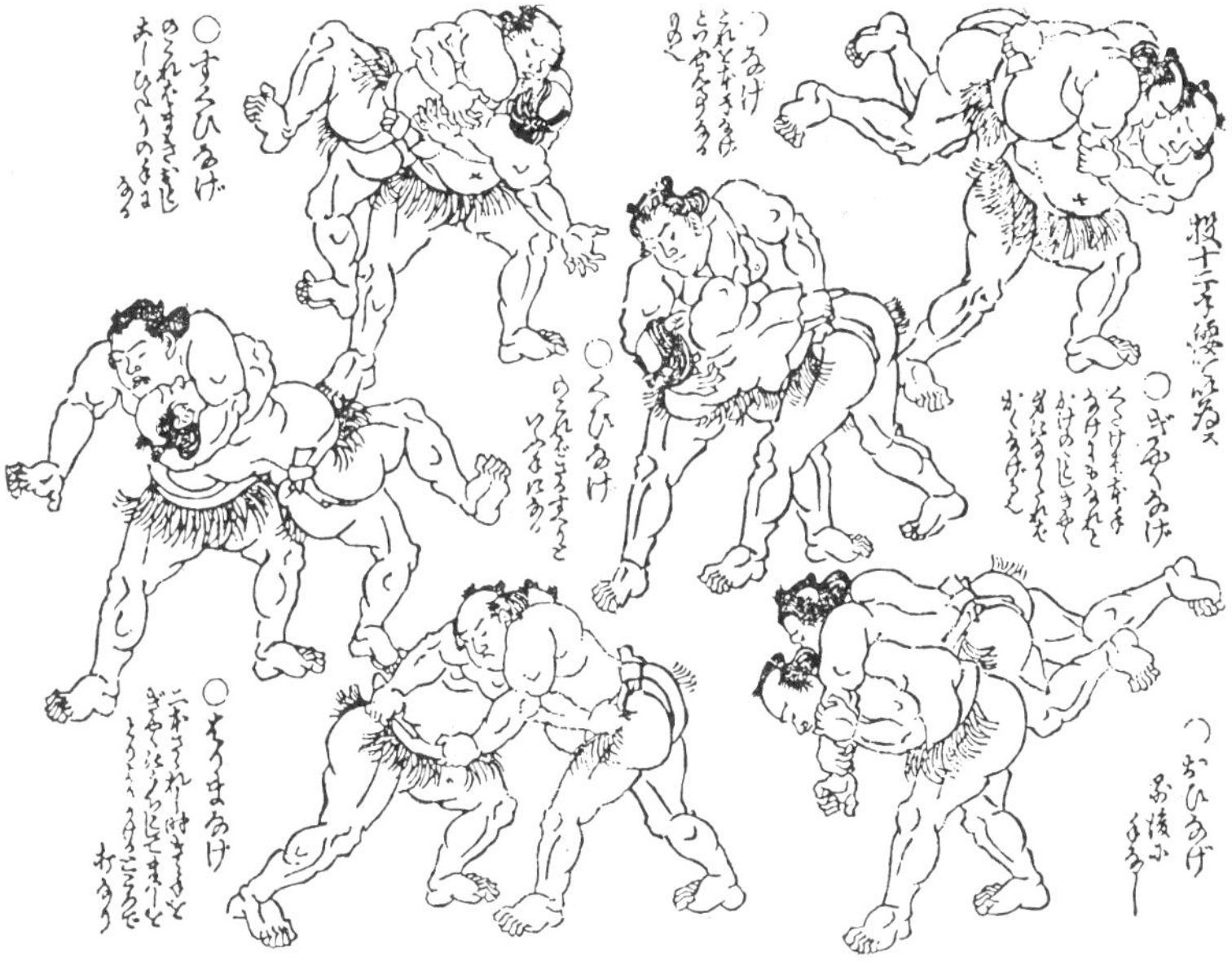

投十二手の内の六手の図　なげ、ぎゃくなげ、おひなげ、くびなげ、すくひなげ、はりまなげ

12 （『相撲取組図会』秋里籬島、歌川国貞画、天保 14 年〔1843〕年）

瀬戸内海は参勤交代や外国使節の通路だった

畿内（摂津〈大阪・兵庫〉）

江戸に幕府が開かれると、瀬戸内海は西国各藩の大名の参勤交代の航路となり、大坂へ回漕される物資の海運搬送路となった（図2）。また、外国使節（図1・3）などの通行路でもあった。日本史の教科書でも有名なシーボルトは、『江戸参府紀行』のなかで、瀬戸内海について「山水の自然なる美観に比べて見劣りもなく、我等を慰むるは此海上の活発なる交通なり。吾人は数百の商船にあひたり。無数の漁船は日の中は楽しげなる櫂の歌にてあたりを賑かし、夜は焚く火に海の面を照すなり」と書いている。

この文章は、文政九（一八二六）年に、シーボルトが長崎から江戸へ向かう途中の記録である。瀬戸内海がかなりの賑わいであったことがよくわかる。外国人は、このような海路や陸路を行くとき、かならず地形を調べていた。石を海底に落として、下から泡が浮き上がってくる時間を測定すると、およその水深がわかったから、それを記録したり、山並みから陸地がどのような地形であるのかを丹念に調べていた。ただ漠然と旅をしていたわけではないのである。珍しい草木や花などの種子も採集していた。

この瀬戸内海を朝鮮使節も航路とした。朝鮮使節は、元和三（一六一七）年に始まり、明和元（一七六四）年まで九回にわたって訪れている。毎回四〇〇人の一団が来日したのである。使節はまず赤間関から瀬戸内海に入り、室津・兵庫などに寄港してから大坂入りし、そこからは陸路を江戸に向かった。左の絵は朝鮮使節が尾張を訪れた情景を描いたものである（図1）。琉球使節も、鹿児島から北上して朝鮮使節と同じコースをたどった。オランダのカピタンもほぼ同様のコースをとった。

1　尾張国性高院書院の朝鮮使節（『尾張名所図会』天保 15〔1844〕年）

3　祇園の茶屋の阿蘭陀人（『都名所図会』天明 6〔1786〕年）

2　大阪安治川口より讃州丸亀まで眺望の図（『中国名所図会』文化年間〔1804 ～ 18 年〕）

海を渡る航路も街道の一部だった

山陽道〈播磨〈兵庫〉〉

舞子の浜（現在の兵庫県）から播磨灘を隔てた淡路島を遠望している絵である（図1）。望遠鏡で淡路島のほうを見ている人がいる。港で船待ちをしているにしては荷物が描かれていないから、宴会でもしているのであろうか。しかし荷物を背負っている人もいるから、船待ちの待合所なのかもしれない。

瀬戸内海に行くと、各都市が定期船で結ばれている。江戸時代でも、海上交通の船の航路は陸上の街道と同じに扱われていた。淡路島の洲本《すもと》から福良《ふくら》（図2）までは陸上交通であるが、現在の和歌山県加太から淡路島へ渡る海の航路は淡路街道の一部であった。また福良から四国の撫養《むや》までの、鳴門海峡を結ぶ航路も淡路街道とか撫養街道と呼ばれていた。

四国の街道は戦国時代に開かれたといわれる。四国を統一したのは土佐の長宗我部元親《ちょうそかべもとちか》である。元親は土佐駒といわれた小さな馬を駆使して、険阻な四国の山並みを越えたのである。このときに開かれたのが四国山地の峠道や海岸線の道である。しかし、四国各地は大変な難所が多かったようだ。

「大西への道筋、日本一の難所なり、力態に越さるる所にて之無く、（中略）阿波境に上名の橋とて、大木一本に割を付け、打ち渡したる橋あり」（『元親記』）という中を、元親は進撃して四国を統一したのであった。長宗我部氏は六尺五寸を一間として、二間幅を本街道の道幅として整備した。街道の管理は庄屋の責任とした。定飛脚《じょうびきゃく》の制度も創設された。各地に関所も設けられ、通行手形を持たない者は何人《なんぴと》も国外へ出ることは許されなかった。

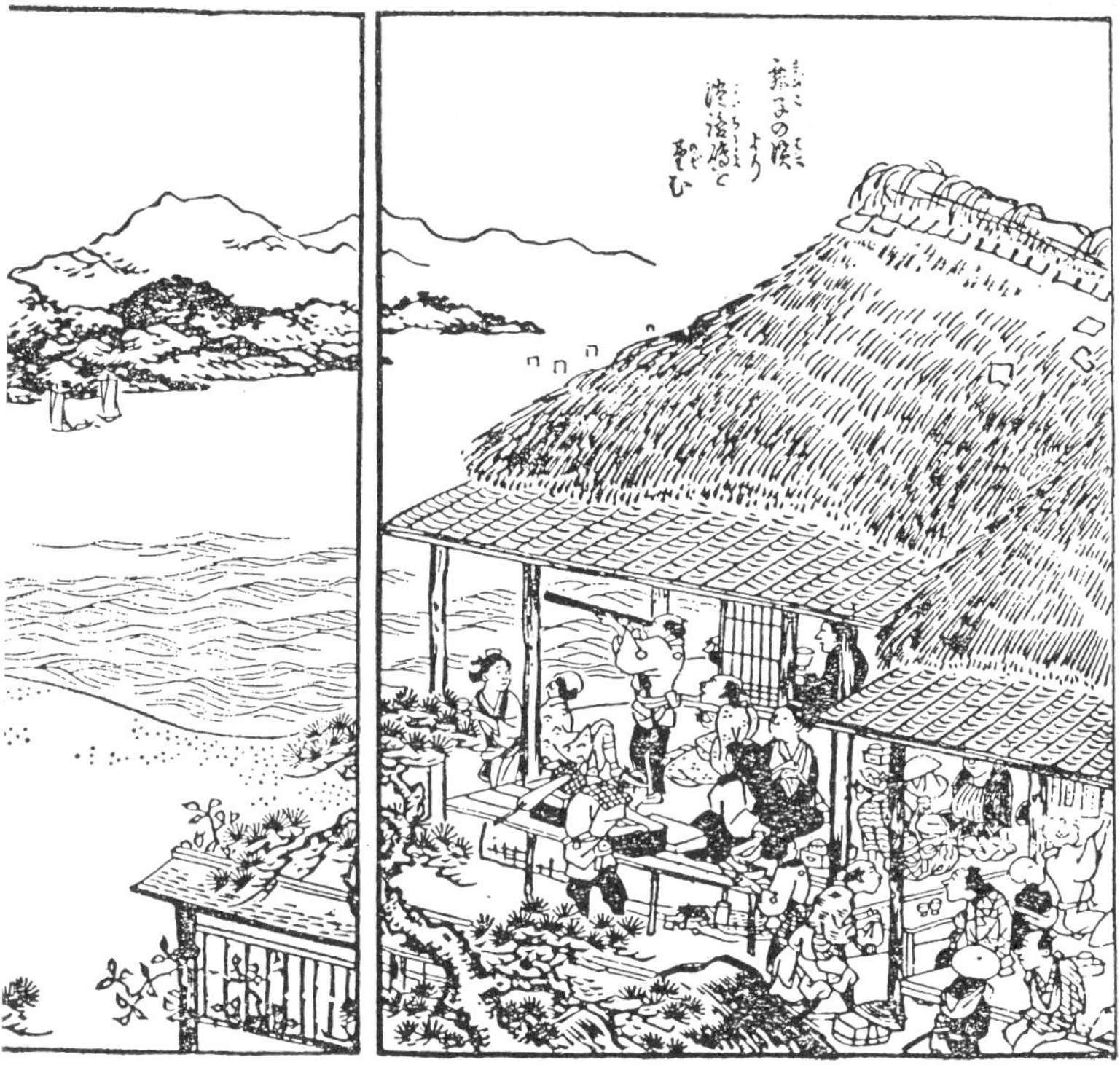

1　舞子の浜より淡路島を望む（『播磨名所巡覧図会』秦石田、中江藍江画、文化 1〔1804〕年）

2　福良浦渡海場（『淡路国名所図絵』暁鐘成、松川半山画、嘉永 4〔1851〕年）

深山幽谷に神社や寺があるのは、霊験があると信じられたから

山陽道（備後〈広島〉）・他

有名な神社や寺の本山というのは、深山幽谷の果てに建てられている場合が多い。ふつうの人々がすぐに行けるような場所には建てられていない。延暦寺や高野山といった寺だけでなく、鳥取県三朝《みささ》町の国宝・投入堂のように、寺社の多くは意図的に人が立ち入りにくい場所に建てられている。こうした場所に寺社を建てるのは、俗世間から離れるという目的もあるが、山伏や修験者といった人々が修業のために深山幽谷を求めた結果でもある。足腰の衰えた高齢者にはとても行きにくい場所にあるために、最近では寺社の本堂近くまで車が入れるように、拝観コースを改修したところが多く見られる。

これらの絵に見られるような断崖にある寺社は、とてもふつうの人が行ける場所ではない（図1〜3）。しかし、深山幽谷や人跡未踏の場所に行くと、ふしぎに精神が落ち着く感じがするものである。他人に難しい要求を説明して納得させるには、人跡未踏の場所か深山幽谷で話をするのが良い。都会の慌ただしい生活空間のなかで話をするとなかなか決着がつかない問題でも、深山幽谷の自然のただなかだと、お互いに素直な気持ちになり、すぐに話がつくそうである。奥の院とはそのような場所にあるといってよい。

疲れた身体や、重い足を引きずりながら深山幽谷にある寺社を尋ねたときに、なんともいえない精神の安定を感じた方も多いのではないだろうか。苦労してやっとたどり着いたという恍惚感と達成感を、人跡未踏の場所に寺社を建てた人々は、よく知っていたに違いない。さらに、苦労をせずに行かれる場所にある寺社では、霊験がない、ありがたさがないという計算もあったであろう。

1　駿河（静岡）久能山（『山水奇観』）

2　神倉山（紀伊国〈和歌山〉）（『西国三十三所名所図会』嘉永６〔1853〕年）
同図会には「新宮の町の半途より参詣の道あり。……当山は魔所なりとて、申の刻を限りて登山を禁ず。俗に新宮の奥の院と云ふ」とある。

3　備後阿武門（『山水奇観』（山陽奇勝）淵上旭江著画、寛政 12 ～享和２〔1800 ～ 02〕年）
広島県沼隈郡沼隈町の海浜にある断崖。頂上に磐台寺の観音堂がある。

すさまじい量が採れた？ 広島の牡蠣《かき》養殖

山陽道（備後・安芸〈広島〉）

広島の牡蠣の養殖の様子を描いた絵である（図1）。これは、海中に打った杭に横木を取り付け、粗朶《そだ》を差し並べた簡易垂下式といわれる養殖法である。この方法が一般的であった。この他にも、幼貝が付着した採苗用貝殻を適当な間隔で針金に連結し、竹の筏《いかだ》から吊るして育てる筏式、筏の代わりに樽を縄で連結して貝を育てる延縄《はえなわ》式、ある程度の大きさになった稚貝を海底にまいて育てる地撒《ま》き養殖、海中に木や竹を立てて、それに貝を付着させて育てるそだひび養殖法などがある。

牡蠣はどこかに着生して成長するために殻の形は一定していない。日本近海には二五種ほどいるといわれている。古くから食用にされていたのはマガキといわれる種である。殻の表面が多数の薄い板状の重なりになっていて、内海の比較的塩分の少ない地帯の岩などに付着している。マガキは六月から七月に産卵する。スミノエ牡蠣といわれる種類は、マガキによく似ていて、有明海にたくさんいる。またケガキは殻の縁部に黒いトゲが密生しており、日本海側では北海道南部より南、太平洋側では房総半島以南の岩礁に付着する。

牡蠣は栄養価が高く、古くからさかんに食べられたが、現在では酢ガキや牡蠣鍋などで食べる。旬の季節は冬である。また牡蠣の殻を焼いた灰は、壁塗り材料ともなる。

この絵を見ると、すさまじい量の牡蠣が採れたらしい。広島産の牡蠣は、江戸や三河、尾張などにも出荷されていた。

1　広島牡蠣、畜養の法（上・下図）（『日本山海名産図会』蔀関月画、天保十一（一八四〇）年）同図会には「広島に畜養（やしなひ）て大坂に售（う）る物、皆三年物なり。畜（やしな）ふ所各城下より一里、あるいは三里にも沖に及べり」とある。

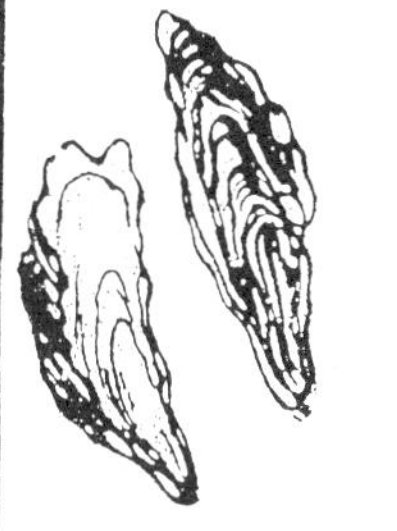

2　カキ（『潜龍堂画譜』1879年）

山陽道の道中記は皆無に近いから、錦帯橋もなかなか知られなかった

山陽道（周防〈山口〉）

東海道は古くからの街道であり、参勤交代や三都を結ぶ街道であったから、道中記はそれこそ腐るほど刊行されたが、山陽道に関する道中記はほとんどない。その少ない一つがここに錦帯橋（図1）を載せた『中国名所図会』である。山陽道が積極的に整備されたのは寛永年間（一六二四～四四年）である。

幕府の巡見使《じゅんけんし》が西国諸国へ派遣されるに及んで、西国の諸藩が道路や橋、宿駅の整備を行い、それまでの街道を拡幅したりした。ここに描かれている錦帯橋は、延宝元（一六七三）年に岩国藩主吉川広嘉《きっかわひろよし》が架設した橋である。長さは一九三・三メートル、幅五メートルという。木造五連のアーチ橋で、釘は一本も使用されていない。一九五〇年に流失したが一九五三年に再建された。背後には城山がある。

この錦帯橋は山陽道・関戸宿（現在の山口県岩国市）にある。山陽道は脇往還であり、陸路だけではなく海上を通るところもある。海上交通はよく知られているように瀬戸内海航路である。海上の場合には沿岸を走る「地乗り」と、沖合いを走る「沖乗り」の二種類があった。兵庫・室・牛窓・玉島・鞆《とも》・尾道・下関などが地乗りの港町である。

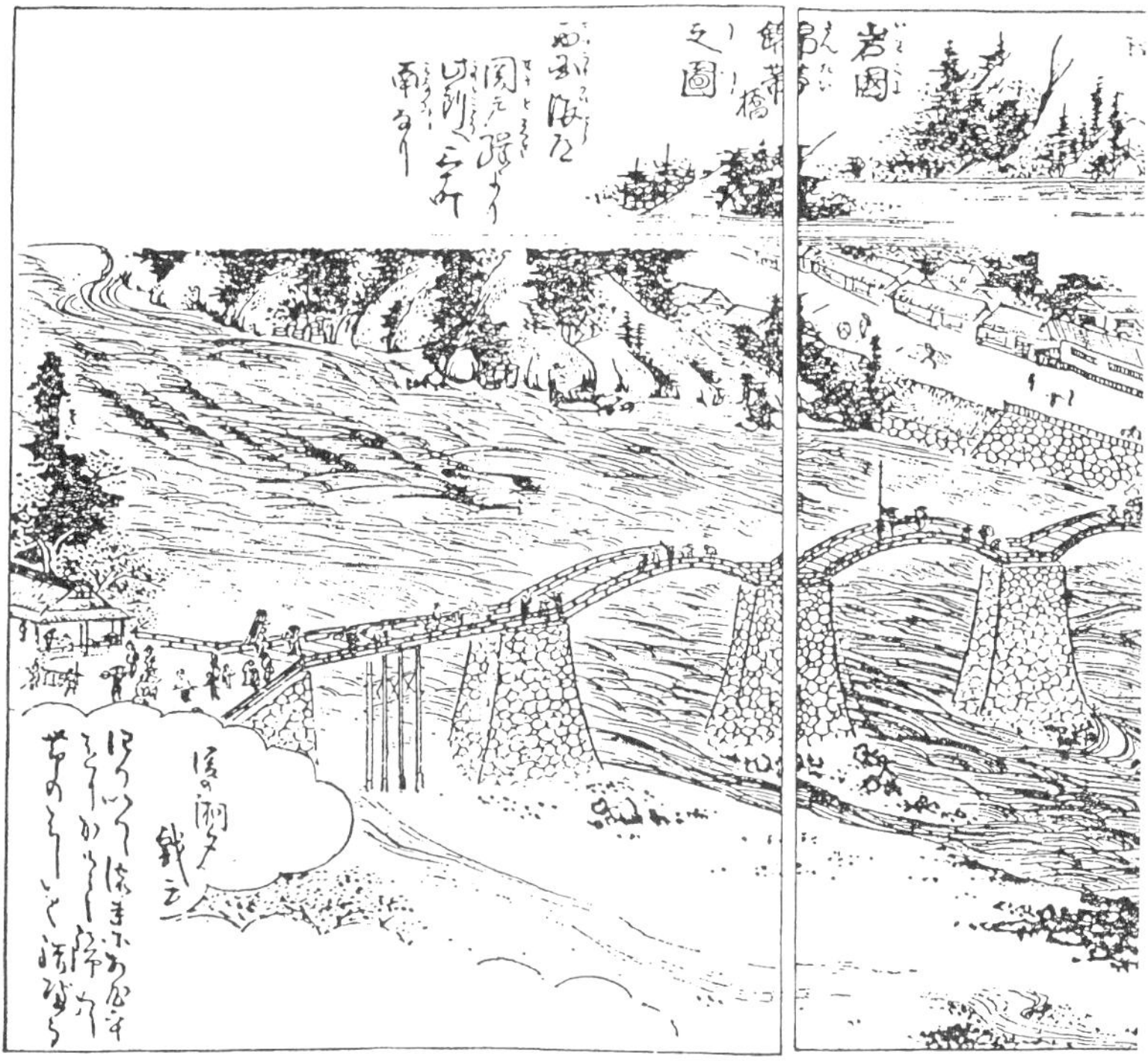

1　岩国錦帯橋（『中国名所図会』文化年間〔1804～18年〕）

この山陽道が一躍日本史の表舞台に登場するのは、明治維新への路となってからであろう。「男ならお槍かついで、御中間《おちゅうげん》となって、ついて行きたや下関、御国の大事と聞くからは、女ながらも武士の妻、まさかの時には締襷《しめだすき》」の流行歌がはやったのは幕末の長州藩である。錦帯橋のある周防《すおう》国の隣である。

長州藩では文久三（一八六三）年に全国にさきがけて攘夷を決行した。その意気がこの歌になっているのである。幕末の動乱の時に、幸いにもこの橋は壊されなかった。図中には「西国海道関戸駅よりこの所へ三十町南なり　後の湘夕、戯に云ふ、四ついつつ流れにあやをおりかけて錦の帯のはしを結べる」とある。

物を頭に載せて運ぶのは万国共通の知恵か

南海道〈紀伊〈和歌山〉〉

アフリカや東南アジアに行くと、今でも物を運ぶときには頭の上に載せるところが多い。バランスさえとれれば、頭の上に載せて運ぶのはかなり合理的である。絵には、長旅らしい武士と大根や風呂敷を頭に載せた女性（次頁）、桶や材木を頭に載せている女性などが描かれている（図1・2）。絵師も、このような情景がよほど珍しかったと見えて、絵の中の文にいろいろと書きつけている。

ただ、農具を肩に担ぎ、タバコを手にしている女性が頭に載せている桶を「糞汁担桶《こえたご》」としているが、これはおそらく間違いであろう。桶の上には柄杓《ひしゃく》の柄らしいものが見える。この桶は糞桶ではなく、おそらく飲料水ないしはお茶の入った桶であろう。糞桶を頭に載せたら、頭に糞の匂いが染みついてしまう。灰で洗えば匂いはとれたかもしれないが、着物に匂いが染み付くとなかなか取れない。いつから糞尿の匂いを「田舎の香水」というようになったのかはわからないが、桶と見れば糞尿と考えるのは早計である。

この絵の佐野松原は熊野街道に沿っている。中世になると熊野詣で（図3・4）が盛んになり、街道も整備されるようになった。しかし、伊勢神宮から熊野三山に至る街道には、「西国一の難所」といわれたところもある。「熊野へ参らむと思へども　徒歩より参れば道遠し　すぐれて山きびし」と『梁塵秘抄《りょうじんひしょう》』に書かれているように、熊野への道は難所続きだった。それでも伊勢神宮を参拝し、西国三十三所巡りの起点になる熊野への人の波は続いた。江戸時代後期には、年間に二三〇〇人におよぶ参詣者が通行した年もあったという。熊野街道は信仰の道だったのである。

1　佐野松原（『西国三十三所名所図会』暁鐘成、松川半山・浦川公佐画、嘉永６〔1853〕年）
図中には「この辺の婦女子は首（かしら）に材木を頂きて山中より浜辺にいだし、または糞汁（こえ）の担桶をいただき、坂路をのぼりて山畑に農事を業（いとな）み、漁師の妻は魚をいただきて市にひさぐ。（以下次頁）

2 （前頁より）いづれもその艱難いふべくもあらず。またこの地の男女ともに烟草（たばこ）をのむに、通例の烟管（きせる）を用ひず、椿の葉を巻きて唐人笛（とうじんぶえ）のごとくになし、烟草をつぎて呑むを風（ならひ）とす。実に街道中の一奇といふべし」とある。

熊野本宮

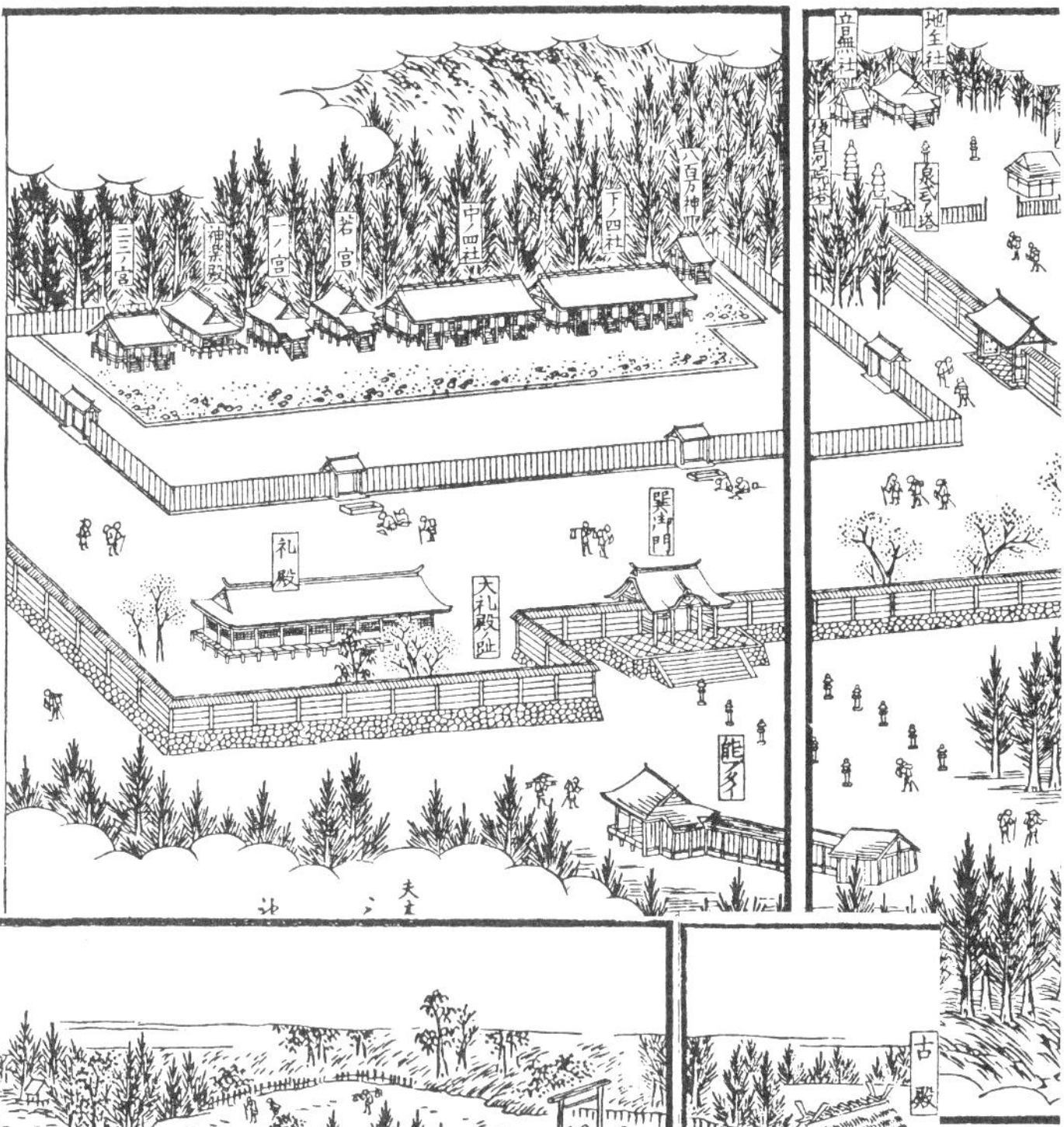

3　熊野本宮（『西国三十三所名所図会』）
図中には「『夫木』三熊のの山路になける時鳥神もはつ音やうれしかるらん　後鳥羽院」とある。

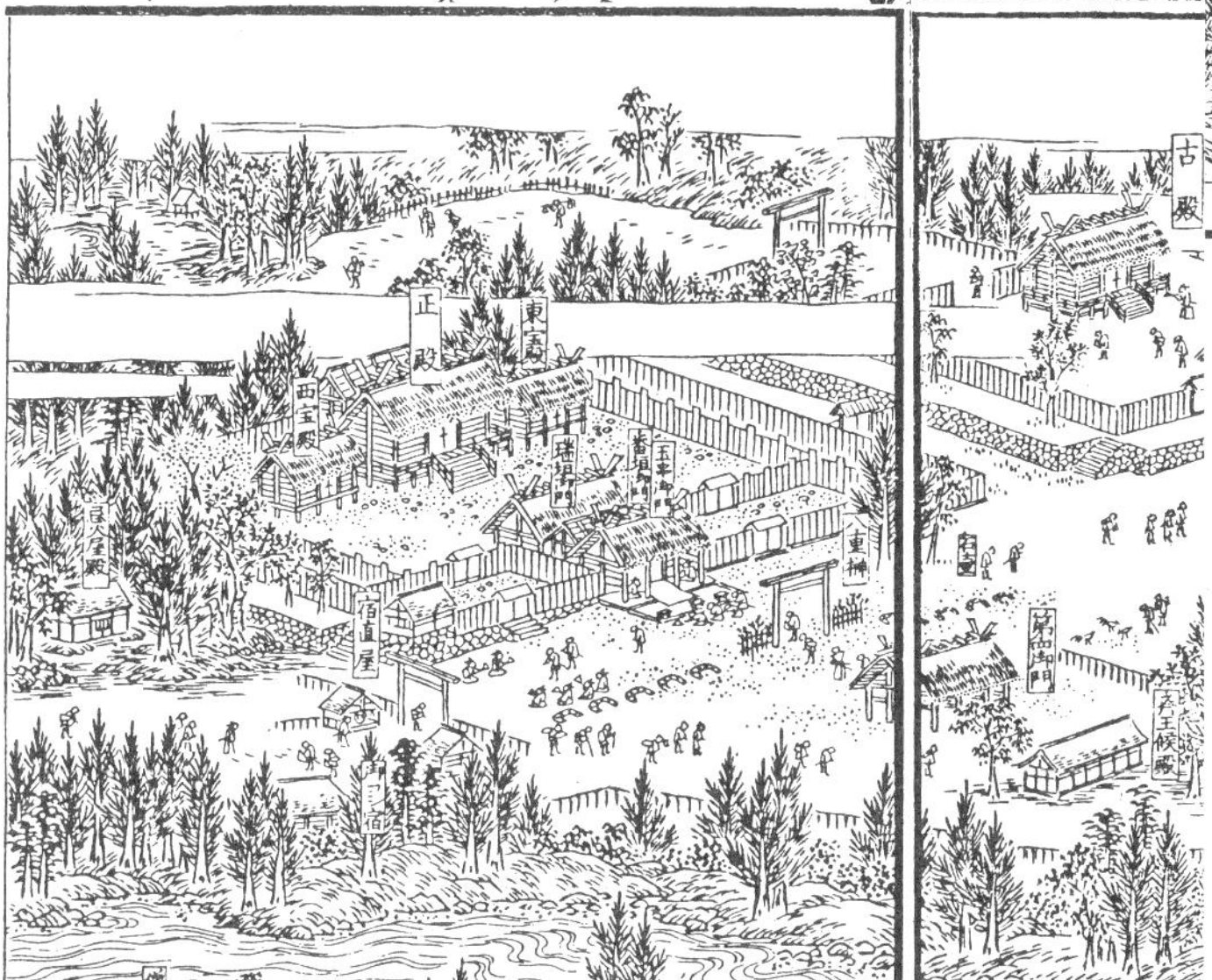

内宮

4　熊野本宮（『西国三十三所名所図会』）

「近江泥棒、伊勢乞食」という語源はこんなところにあった

南海道（伊勢〈三重〉）

何ともいえずおかしさを感じる絵である（図1）。あるいは人間のたくましさといったら良いか。伊勢参宮にやってくる人々が、伊勢神宮の手前に架かる橋の上から、下の五十鈴川に賽銭《さいせん》を投げるが、それを網で受け止めているところである。この橋の下では、網で受け止めるだけではなく、橋の周辺の河原で石をどかしたりして金を拾う人々もいた。何ともたくましい根性である。賽銭を受け止める方からすれば、浄財として神に寄進されたのであるから、誰が利用しても良い理屈になる。また自分が寄進した金で、どこかの誰かが助かれば、それは金の有効利用であるという浄財心でもあったようだ。

このような人たちを指していわれたのであろうか、江戸時代から「近江泥棒、伊勢乞食」という言葉がこの地方には残っている。

今でもまだ愛知・岐阜・滋賀・三重県あたりの地域では聞く言葉である。近江といえばすぐに「近江商人」を連想する。近江商人は全国各地に根を下ろし、地域経済の担い手になっている。東京の日本橋の商人は、もともとは近江商人の末裔とい

1 宇治橋、投げられた賽銭を受け止める人たち（『伊勢参宮名所図会』蔀関月、寛政９〔1797〕年）

う家がかなりある。

中世ヨーロッパでは、「盗賊の紋章と商人の紋章は同じである」といわれた。商人というのは、そのように根性が汚いという意味の言葉であるが、このような言葉を言い出したのは、定着民である農民や職人たちであったのだろうか。

それはともかく、江戸時代には伊勢参りは一生に一度はするべきものといわれていたから、伊勢神宮周辺はかなりの人出であった。街道筋にも乞食がたくさんいて、よく金をたかられたらしい。『東海道中膝栗毛』にもそんな話が出てくる。

一群の蜜蜂から十二キロほどの蜂蜜が採れた

南海道〈紀伊〈和歌山〉〉

熊野地方と『広益国産考』に見える蜂蜜採取の様子を描いた絵である（図1・2）。この絵を見ると、かなりたくさんの蜜蜂を飼育している様子がわかる。蜜蜂を飼育して蜂蜜を採取したり、果樹や野菜の受粉に利用することはこのように古くからあった。

養蜂には、アカシアの花などを追って各地を移動する移動養蜂と、この絵のように一定の場所で行う定着養蜂とがある。現在は蜜蜂といえば西洋蜜蜂だが、東洋蜜蜂もいる。どちらも箱飼いや樽飼いができる。一匹の女王蜂を中心に、冬には五千〜一万匹、春から秋には三〜四万匹の働き蜂が集団を作る。これに、春から夏の繁殖期に一千匹ほどの雄蜂が加わるのである。

女王蜂は体長が二センチくらい。絵には三種類の蜂が描かれているから、蜂の種類は当時でもわかっていたといえよう。女王蜂はひたすら産卵し、一年に二〇万個におよぶ途方もない数の卵を生む。働き蜂は体長が一〜一・五センチくらいである。『日本山海名産図会』には「絞り蜜ともに二十斤」とあるから、一群の蜜蜂からおよそ十二キロほどの蜜が採れたようである。

蜂といえば、最近はスズメ蜂の話題が多いが、人間の間近にいるのは足長蜂である。この蜂はよく人を刺すといわれるが、人間の側が敵意を示さなければ刺さない。危害を加えなければ刺されない。蜂は気候にも敏感である。蜂の巣が作られる場所から、秋に台風が来るのかといった予想もできるらしい。家の軒先の高い場所に巣がある場合には、秋には台風の襲来に要注意といわれた。

1　熊野の蜂蜜採り（『日本山海名産図会』蔀関月画、天保11〔1840〕年）

2　蜂蜜採り（『広益国産考』大蔵永常、天保十五（一八四四）年）

川の渡し場は、川幅が狭く水の流れのゆるやかな場所が選ばれた

南海道（伊勢〈三重〉）

江戸時代の旅では、川に橋がかけられていないところが多かったから、洪水や台風などによって同じ場所に何日も足止めされる場合がよくあった。幕府の統治上の軍事的施策でもあったが、技術上の問題もあった。一キロにも及ぶような長い橋はかけることが困難であった。そのために、街道筋の川では船による渡し（図2）が一般的だった。

この絵（図1）は、三重県を流れる宮川の上流の三瀬川の渡しだが、船の渡しがどのような場所に作られたのかを教えてくれる貴重な絵である。船の渡しは、水の流れがゆるやかで、川幅が狭く、水量の一定している場所に作られた。

たとえ川幅が広くても、水の流れはどこも一定というわけではない。砂洲が出来たりすれば、そこの水の流れはゆるやかになる。そうした場所に渡しは作られた。川筋に住む人々は、川と格闘してきた歴史が長いから、川の深さがどうであるかや、どのあたりが水の流れがゆるやかであるかなどを熟知していた。江戸時代になっての船渡しは、新たに開かれた渡しでないかぎり、前時代の場所がそのまま使用されたのである。

渡しをしていたのは、非人身分に属する「渡し守」と呼ばれた人たちが専業で行っていたところと、農業の合間に村人が交代で行っていたところがある。戦国時代ころからある川渡しの場所では、非人身分の者がやっていたところが多い。社会的な分業体制がかなりできあがっていたといえようか。

1　三瀬川の渡し（『西国三十三所名所図会』暁鐘成、松川半山・浦川公佐画、嘉永6〔1853〕年）

2　万場川の渡し（『尾張名所図会』天保15〔1844〕年）

藍《あい》作りは農民の重労働に支えられていた

南海道〈阿波〈徳島〉〉

阿波国といえば、藍と「四国三郎」の異名を持つ吉野川が有名であった。阿波の藍作りは、この吉野川と深い関係がある。吉野川は、明治以前には年中行事のように洪水や河川の氾濫を繰り返していた。そのような暴れ川だったから、流域の村々では水田耕作が発達しなかったのである。せっかく田植えをしても、流されてしまうのでは耕作しても仕方ないからである。

そのために吉野川流域では畑作が発達した。畑作ならば、洪水の被害にあっても作付けした農産物が全滅することはなかったからである。この流域で藍作りが本格的になるのは、元禄期後半の一七〇〇年代以後である。特に吉野川の中・下流域の村々は、かなり早くから「藍作一所」という土地柄だった。

藍染め（図3〜5）の材料となる藍作りは、「藍の種まき生えたら間引き、植えりゃ水取り土用刈」といわれたように、重労働の連続だった。特に夏の暑さの真っ盛りになる七月の土用のころが一番忙しい時期だった。藍は蓼科の一年生植物で、葉や茎から染料をとる。この時期に、吉野川流域の村々では、朝早くから夜遅くまで藍作りの労働の連続となった。

そのために、吉野川流域では古くから「阿波の北方、起き上がり小法師、寝たと思たらはや起きた」とか「お前どこ行きゃ、わしゃ北方へ、藍をこなしに身を責めに」といった労働歌が歌われていたのである。

作られた藍は吉野川を船で下り、徳島城下や撫養《むや》港から各地に積み出された。この絵（図1）は、葉藍を約八〇日寝かせて醗酵させ、これに水を入れながら臼でついて丸めた藍玉を作っているところである。

1　藍玉作り（『阿波名所図会』探古堂墨海、文化八（一八一一）年）
阿波の藍作りは徳島藩の重要な産業であり、藩の指導・管理によって発達し、その製造法は長く秘密にされていた。

2　藍玉俵（『教草』1872～76年）
藍師によって葉藍から作られた藍玉は俵に詰められて紺屋に出荷される。

藍を入れた藍がめに糸や布を浸して引き上げる作業を何回も繰り返して染める。

黒染や黒茶染などは、下地を藍で染めてから泥水に浸すなど、さまざまな染め方があった。

3（上・中・下図） 藍染め（『万染物之法』嘉永4〔1851〕年） 染めた布を張って干す。

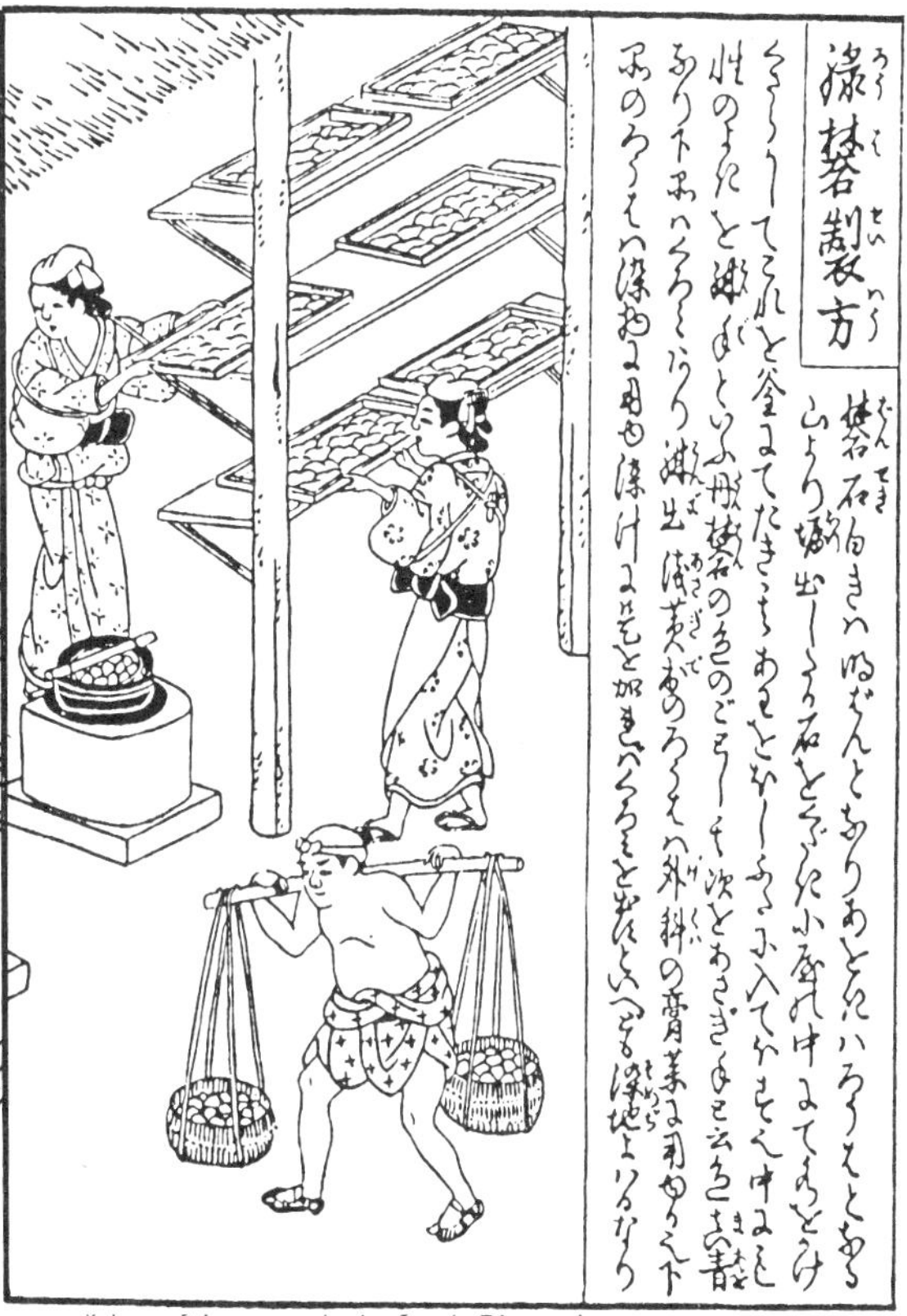

4　緑礬（ろうは）・明礬（みょうばん）の製法（『日本山海名物図会』長谷川光信画、宝暦四〔一七五四〕年）

緑礬は「りょくばん」ともいう。ともに染色の際、染料を発色・定着させる媒染剤として用いられた。図中には「礬石白きは明ばんとなり、あをきはろうはとなる」とある。

5　紺青・緑青の製法（『日本山海名物図会』）

孔雀石より製する。染物の藍色と緑色の顔料となる。同図会には「慶長年中、摂州多田の銀山よりほり出す。……製法は山より掘り出したるをうすにてつきくだき、水飛するなり」とある。

祖谷渓《いやだに》は落人《おちうど》道の終着点でもあった

南海道〈阿波〈徳島〉〉

祖谷渓といえば、よく知られているのは「かずら橋」であろう（図1）。このかずら橋は、今では重要民俗文化財になっている。橋の幅は四尺（約一・二メートル）で、長さは三〇間（約五四メートル）ある。

かずら橋は、布を織るように作られていて、風が吹いても橋全体が大きく左右に揺れないようになっている。かずらを使って、橋の欄干のような、人がつかまれるところも作ってある。両端は大木に結び付けられている。この橋はすべて藤蔓で作られていて、大変丈夫な作りになっているが、やはり風が吹くと橋は揺れる。この地に隠れ住んだ人々が、

1　祖谷（『阿波名所図会』探古堂墨海、文化8〔1811〕年）

いざというときには切り落とすことができるように蔓で作ったといわれる。
　祖谷渓は、吉野川の支流の祖谷川に沿って断崖絶壁を抜けたところにある。このあたりは祖谷山である。祖谷山は権現信仰で知られる剣山のふもとにある山である。恵伊羅御子《えいらみこ》と小野姥《おののうば》の二人によって開かれたといわれる。この二人は祖谷渓に入り、山を開いて村作りを行い、農業・工芸・土木技術・紡績・酒作り・鍛冶の技術を教え広めたといわれている。『祖谷山旧記』にはそう記されている。
　この地は「平家の落人」伝承の残る地として古くから有名だった。古くは平清盛の弟の門脇中納言教盛《のりもり》の第二子の国盛にはじまり、壇ノ浦で入水したはずの安徳天皇を奉じる八十余人がこの祖谷渓の各地に隠れ住んだといわれる。祖谷渓は、平家の落人伝承とともに全国に知られることとなったのである。

金比羅さんはガンジス川のワニの化身であった

南海道（讃岐〈香川〉）

「そもそも讃岐のコンピラ大権現と申す神様は、霊験あらたかにましまして、（略）雲井の奥深き津々浦々からも、海路の旅路、艱難ひと方ならぬをしのいで参詣帰伏するもの」と『金比羅道中膝栗毛』は書いている。作者は十返舎一九である。

金比羅は梵語のクンピーラに漢字を宛てたもので、インドのガンジス川にいるワニの化身が神格化されたものだといわれる。そのために仏教では竜王とか海神といい、雨乞いや海難事故から守ってくれる善神といわれている。金比羅信仰が全国に広まったのは十五世紀ころといわれている。国内外の海上交通が開けた結果、海難事故も増えたから、海の守り神（図2）として塩飽《しあく》水軍や村上水軍といった水上生活者のあいだで篤く信仰されるようになった。金比羅さんのおかげで救われたという霊験譚があらわれ、海の守護神として熱烈な崇敬を受けるようになった。江戸時代末でも金比羅大権現（図1・3）といわれて広く信仰されていた。長く象頭山《ぞうずさん》金光院松尾寺の僧が社僧であったが、明治になり金刀比羅宮《ことひらぐう》となった。

江戸時代には、大坂港から三十石船で出帆して丸亀か多度津《たどつ》に着き、そこから丸亀街道・多度津街道を通って金比羅参りをしたのである。「こんぴら船ふね、追手に帆かけて　シュラシュシュシュ」という有名な文句は、弥次郎兵衛・喜多八のコンビが金比羅参りに来る途中の様子を描いたものである。

江戸時代の後期になると、金比羅への道は丸亀や多度津からだけではなく、高松や阿波、伊予、土佐などからの参詣道も発達した。

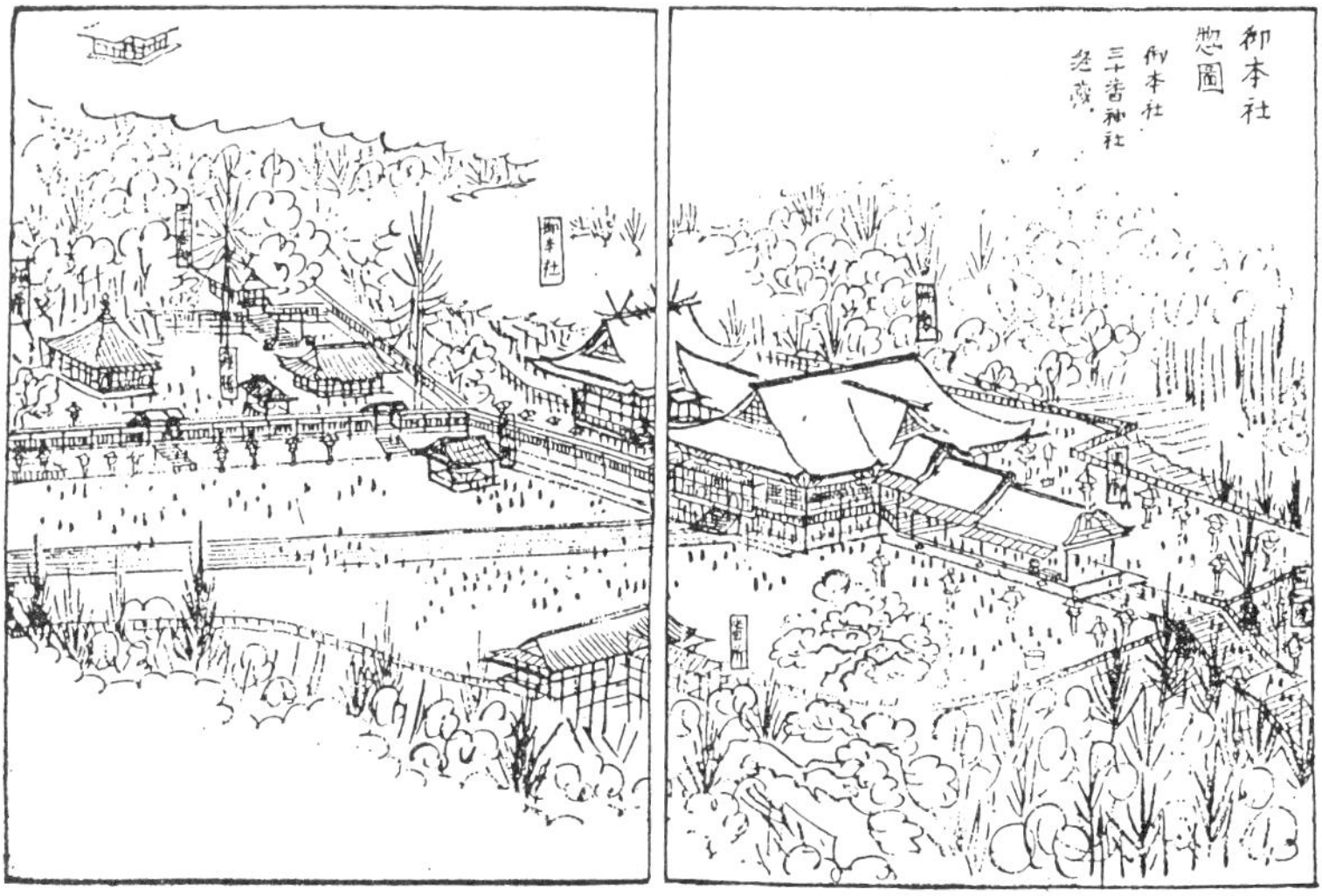

1　金比羅大権現（御本社・三十番社・経倉）（『讃岐国名勝図会』梶原藍水、松岡調画、安政４〔1857〕年）

3　多宝塔・万燈堂・金堂・二天門（『讃岐国名勝図会』）

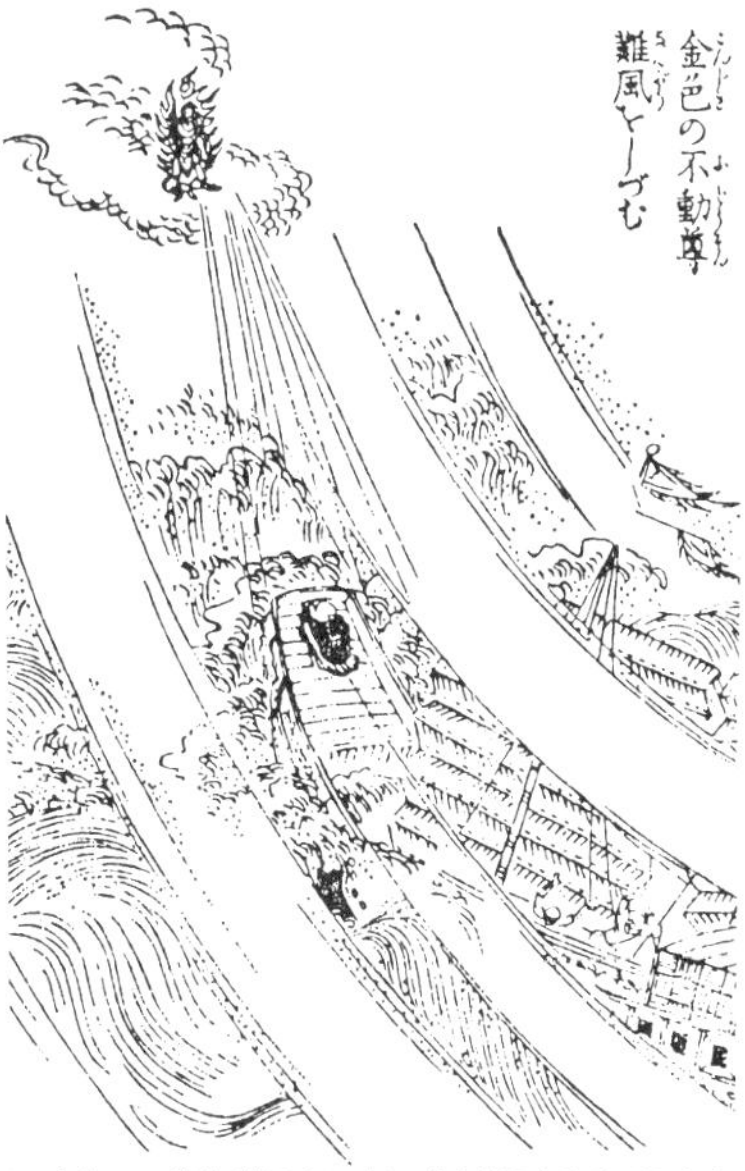

2　金色の不動尊、難風をしづむ（『金比羅参詣名所図会』）

お遍路さんは産業技術も伝えた

南海道〈土佐・讃岐〈高知・香川〉〉

土佐人は商人には向かないとよくいわれる。高知県で企業を経営していたり、商売を手広く行っているのは愛媛県人が多いといわれる。土佐人は、自分が大切にしている物でも気前良く人にあげてしまい、相手が喜ぶ様子を見て我がことのように喜ぶのである。欲のない気性といえようか。

土佐においてもっとも古い産業といわれているのは、長岡郡下田の石灰業である。この石灰業（図2）は、土佐人が自分たちで鉱脈を発見して、江戸時代はじめの慶長年間（一五九六～一六一五年）より細々と生産を続けてきたものである。この石灰業が本格な生産を始めて土佐の特産品となったのは、江戸時代後期の文化年間（一八〇四～一八年）である。

土佐をはじめ四国はお遍路さん（図1・3・4）の行きかうところである。四国の春は遍路の鈴の音で始まる。お遍路さんは「同行二人」といわれ、四国霊場を開いた弘法大師といつも一緒という意味だといわれている。長岡郡下田での石灰業は、土佐に遍路に来た阿波の徳右衛門という男がその技術を伝えたとされる。遍路の途中で病気になった徳右衛門は、一年間世話になったお礼に、自分が阿波で身に付けた高度な石灰焼きの技術を下田の人たちに伝えたというのである。今でも「石灰頭司徳右衛門君記念碑」が下田に残っている。土佐の石灰業には、遍路の伝えた技術が生きているのである。この点は、諸国を遍歴していた山伏や修験者が、歌舞伎や人形回しなどの芸能を伝えたこととよく似ている。しかし徳右衛門は、秘術を他国へ伝えたという罪で、阿波で打ち首になったと伝えられている。

2　石灰掘り（『日本山海名産図会』）

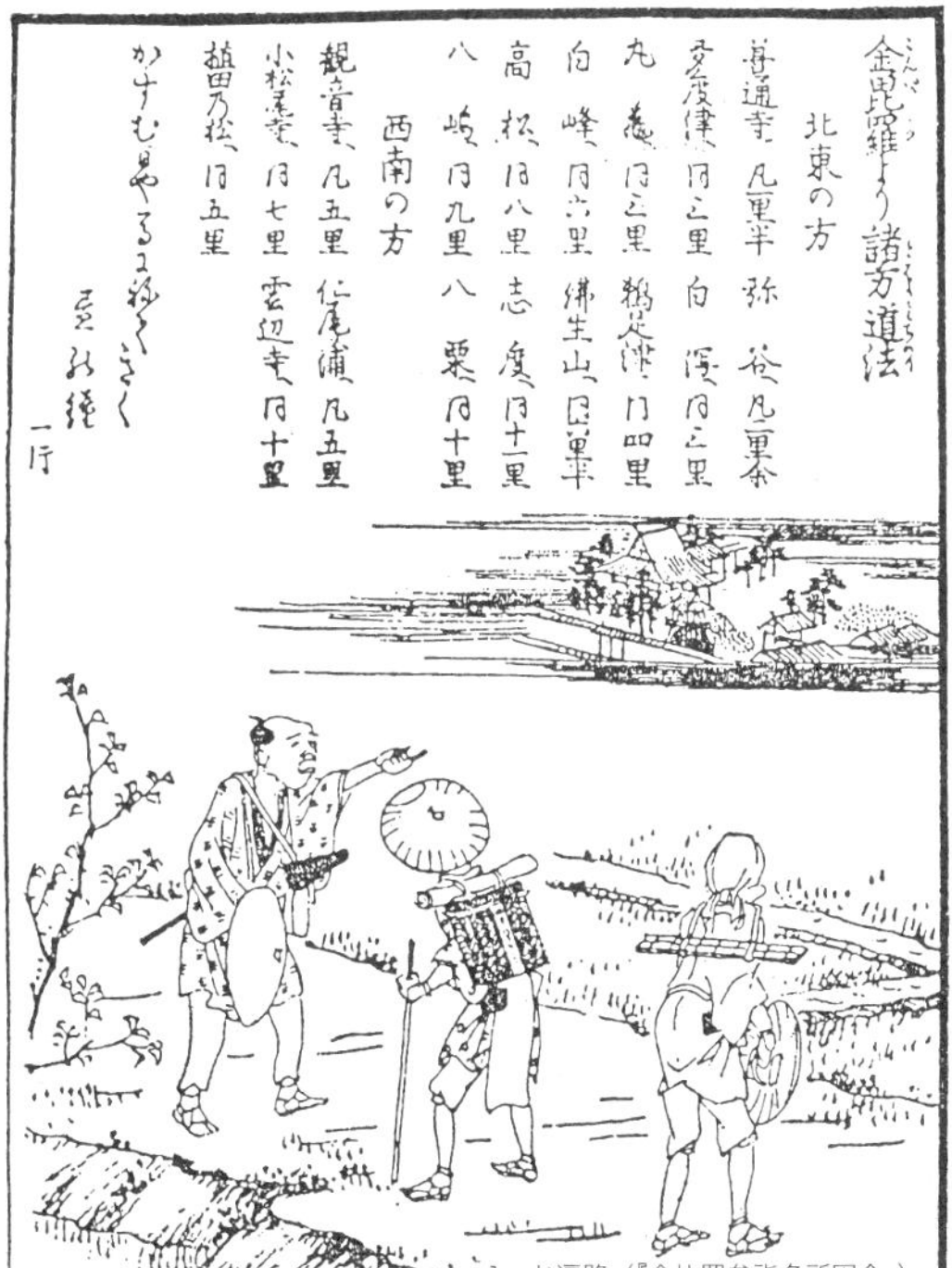

1　お遍路（『金比羅参詣名所図会』）

3・4　お遍路（下図）
（『西国三十三所名所図会』）

4

3

葛は襖《ふすま》の下張りの布になったり、葛根湯《かっこんとう》の原料にもなった

南海道〈讃岐〈香川〉〉

マメ科の多年草の葛の茎（図2）から葛布を作っているところを描いた絵である（図1・3・4）。現在は、葛といえばほとんど見向きもされない植物といってもよい。どこにでも生えて、すさまじい繁殖力があるので、絶やすのは大変である。それでも、繁殖力が強いので土留めに植えられたり、牛の餌として利用されたりしている。近年は、中国大陸の砂漠化を防ぐために計画的な植栽に利用されている。

葛の利用法でよく知られているのは、葛根湯という漢方薬であろう。葛の根には葛根というデンプンが含まれているから、感冒などの症状に処方されている。

古くは葛は、襖の下張りの布を織る材料として利用されていた。葛を採取して蒸してから茎の繊維を採り、水に晒して糸状にする。それを織って布に仕上げるのである。この絵（図1）には、その工程が描かれている。絵の下の川の中にいる人達は、糸状になった葛の繊維を水に晒《さら》しているところである。右上には糸状になった葛の繊維がたばになっている。竃《かま》が三つ描かれているが、葛の茎を蒸しているところらしい。図3の左上ではやはり女性が機織りをしている。葛の布を織っているところであろう。図4には大蔵永常の『製葛録』に見える葛の製造過程を示した。

機織りをしている家には、簡単な構えにしても門らしき建造物がある。さらに家の周囲には竹矢来か萱か判別しにくいが、囲いがめぐらされている。図1の右隅にも、竹矢来か棒杭のような囲いが描かれている様子がわかる。農村にも境界意識がかなり浸透していた様子がわかる絵である。

1　葛作り（『讃岐国名勝図会』安政４〔1857〕年）

2　葛（『製葛録』大蔵永常、文政 11〔1828〕年）

3　葛作り（前頁の続き絵）（『讃岐国名勝図会』梶原藍水、、松岡調画、安政４〔1857〕年）　図中には「勝浦村農家、葛を製する図　天保年中より当村の樵夫（きこり）同所山中より葛を切り出し、農夫に商ふ。農夫これを蒸して水に晒して葛布に織り立て、諸国へ出だし、つひに国産の一とはなれり」とある。

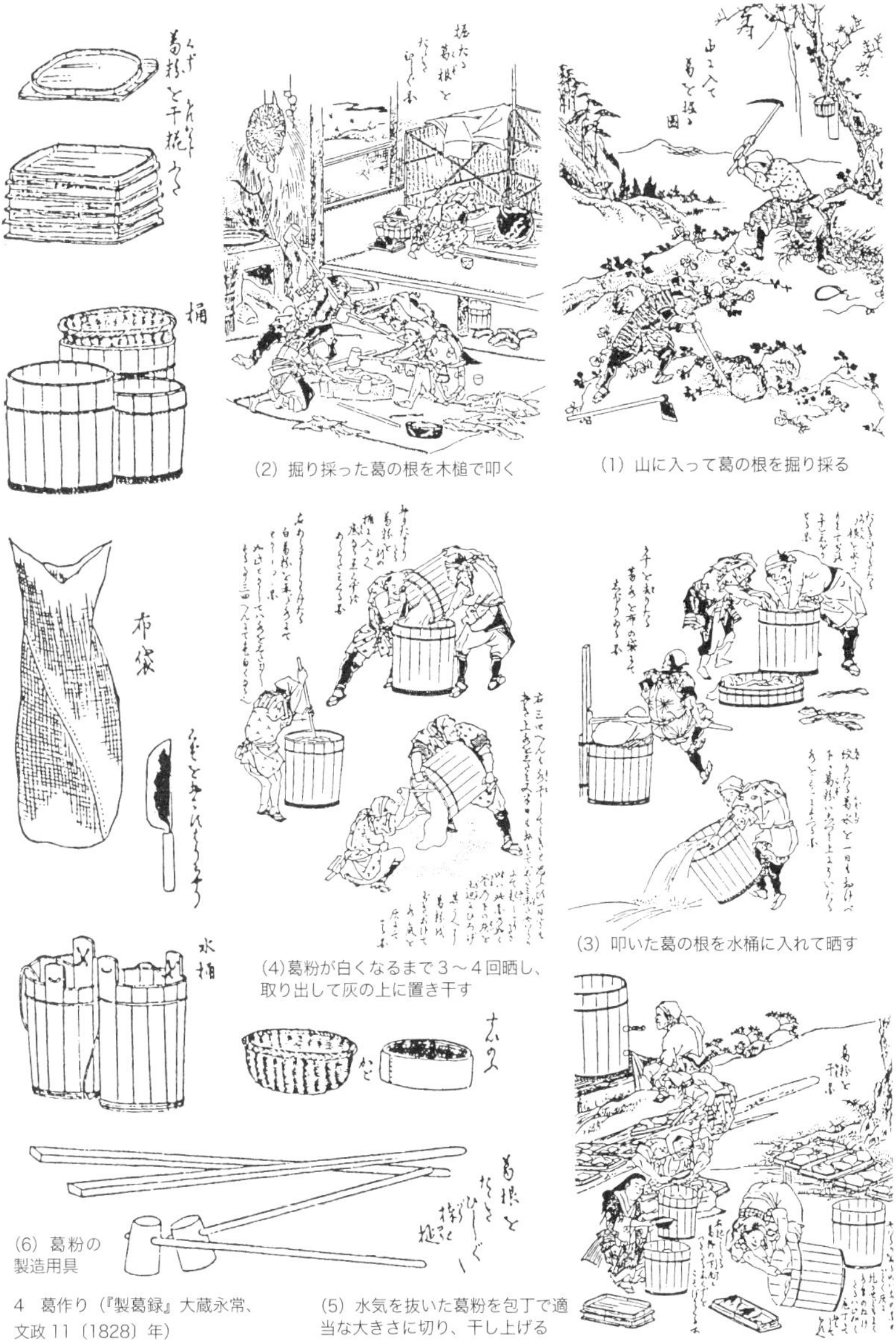

（1）山に入って葛の根を掘り採る

（2）掘り採った葛の根を木槌で叩く

（3）叩いた葛の根を水桶に入れて晒す

（4）葛粉が白くなるまで３～４回晒し、取り出して灰の上に置き干す

（5）水気を抜いた葛粉を包丁で適当な大きさに切り、干し上げる

（6）葛粉の製造用具

4　葛作り（『製葛録』大蔵永常、文政11〔1828〕年）

伊万里焼は朝鮮の陶工によって始められた

西海道〈肥前〈佐賀〉〉

伊万里焼の活気のある陶器の製作現場を描いた絵である（図1〜3）。多くの人々が働いている様子がよくわかる。これは、おそらく一般市販品の陶器であろう。

永正十（一五一三）年、祥瑞《しょんずい》五郎太夫によって中国の湖南省で焼かれていた磁器の製法が日本に伝えられると、「文禄・慶長の役」以後には各地の諸大名が李氏朝鮮の陶工を招いて、焼物の製作を奨励するようになった。九州の有田では、李参平（日本名は金が江参平）が元和二（一六一六）年に泉山に良い陶土を発見して、初めて白磁を焼くことに成功した。これに呉須《ごす》で染付けをしたのである。

白磁の製作に成功したころに、酒井田柿右衛門が中国人から赤絵の製法を教えてもらい、上絵付けをしてきれいな伊万里焼が製作できるようになった。その後の技術の進歩はすさまじいものがあったようで、正保三（一六四六）年には伊万里焼を清国に輸出するまでになっている。寛文四（一六六四）年には、一年間にオランダ向けだけで四万五千点以上の伊万里焼が輸出されているのである。

有田焼は伊万里港から輸出されたので伊万里焼と名付けられた。当時のヨーロッパでは、イギリス王室、フランスのルイ王朝、ロシアのロマノフ王朝、それにオランダが競って伊万里焼を買いあさった。

一方、鍋島藩では白磁染付けと上絵の技法が成功すると、藩財政を支える柱として、藩経営の焼物製造に乗り出した。これが色《いろ》鍋島などと呼ばれている陶器である。外国向けには、輸出先の国の好みに合うように意匠がほどこされた。そのために色鍋島の本物は骨董的価値が高いのである。

1　伊万里焼（『日本山海名産図会』蔀関月画、天保十一（一八四〇）年）
同図会には「諸州数品有る中にも、肥前国伊万里焼と云ふを本朝第一とす。この窯山、およそ十八ケ所を上場とす。……この内大内山は鍋島の御用山、三河内は平戸の御用山にして、他に貨売する事を禁ず。伊万里は商人（あきびと）の輻湊せる津にて、焼き造るの場にはあらず。およそ松浦郡（まつらこほり）有田のうちにして、……都合二十四、五所にはなれども、十八ケ所は泉山の脇にありて、これ土の出づる山なり。……赤絵の物を錦様（にしきて）と云ふて、五彩金銀を銹（くすり）に施すこと、これ一山の秘術として口外を禁ず。ゆゑにここに略す。これはかの硝子銹（びいどろくすり）を用ゆといへり」とある。

2　伊万里焼　素焼窯・過銹（くすりをかける）・打圏書画（『日本山海名産図会』）
同図会には「素焼窯は、図するごとく糀室（かうぢむろ）のごとき物にて、器物を内に積みかさね、火門一方にありて薪を用ゆ。度量を候（うかが）ひ火を消し、そのまま能くさます。……過銹（かけくすり）は、すなはちおなじ土の内にて、上澄の上品をえり、↙

陶打図《と》書《か》画

それに蚊子木（ゆしのみ）の皮を焼きたる灰を調和す……画（えが）く時はその色真皁（まつくろ）なれども、火を出でて後（のち）青碧色と変ず。」とある。

3　本窯（『日本山海名産図会』）
同図会には「素焼の窯は家の内にあり。本窯は斜なる山岡の上に造りて、必ず平地にはなし。皆一窯づつ一級（ひとつあがり）に高くし、内の広さおよそ三十坪、これも六つも連接して、悉（ことごと）くその接目（つぎめ）に火気の通ずる窓を開く。しかれども、火は窯ごとに焚くなり」とある。

「板子一枚下は地獄」でも、沿岸住民には船の事故は宝くじに当たることだった

西海道〈肥前〈長崎〉〉

船旅をした人ならば経験があるかもしれないが、かなりの大型船でも、大洋で低気圧に巻き込まれたりするとかなり揺れる。まして小さな汽船程度の船では、内海でも錐揉《きりも》み状態になることがめずらしくない。江戸の昔の船は、動力は人間か風力しかないから、風が強いときや強くなるときに船出をしなければならない。だが、風が強くなるときの船出はまた、嵐に巻き込まれる危険性も高いのであった。和船は特に帆柱が一本しかなかったから、これに大きな帆を一枚張ることになる。そのために向かい風のときには前に進めない。この絵（図3）の船はオランダ船だから、帆柱が何本もあり、帆の数もそれだけ多いから、向かい風のときでも前に進むことができる。このような大型船は日本でも作る技術はあったといわれるが、徳川幕府は大型船の建造は認めなかった。

日本では鎖国をしてから大型船の建造は禁止されたが、物資の流通は次第に多くなった。船の数も激増したのだが、難破する船もまた増加の一途をたどった。そのために、海岸線の村々では、難破船（図1・2）があることを願うようにさえなった。漂流物や、海底に沈んだ船の積荷やお宝が拾えたからである。

たとえば愛知県の渥美半島の先端には、「イナサとこいやれでんごろりん」という歌が残っている。イナサというのは強風のことで、この風で船が難破し、その漂流物が海岸に吹き寄せるのである。イナサが吹いて、船をでんごろりんとひっくり返して欲しいという意味の歌なのである。船の難破を心待ちにしていたのは渥美半島の人々だけではなく、全国各地の海岸線の村には、どこにでも残っている話なのである。

1　難船挽揚の図（上・下図）（『長崎名勝図絵』文政期（一八一八～三〇年））同図会には「阿蘭陀の難船せしは、寛政十年戊午の冬の事なりし。……高鉾縞の瀬方に吹き付けられ、帆檣（ほばしら）を折り船底破れ損ぜし……さしも大なる船の陥↙り沈みぬる事なれば、たやすく浮きぬべきやうもなく、手を空しうして冬も過ぎぬ。しかるに防州都濃郡串が浜の船頭村井喜右衛門といふもの……二十九日に浮船となし、二月三日に木鉢浦なる仮屋の前の浜辺へぞ挽揚げける。阿蘭人（おらんだじん）のよろこび大かたならず、見るもの皆さざめき立てほめにける」とある。

『日本山海名産図会』には「阿蘭陀船　これ毎年七月ころ入津す。同じく遠見より注進あれば、去年渡りの紅毛（おらんだ）カピタン、また大通詞・小通詞・宦者附き添ひ、飛船二艘旗を立てて漕ぎ出だし、元船に乗り移り御朱印等検校すみて漕ぎ戻る」とある。

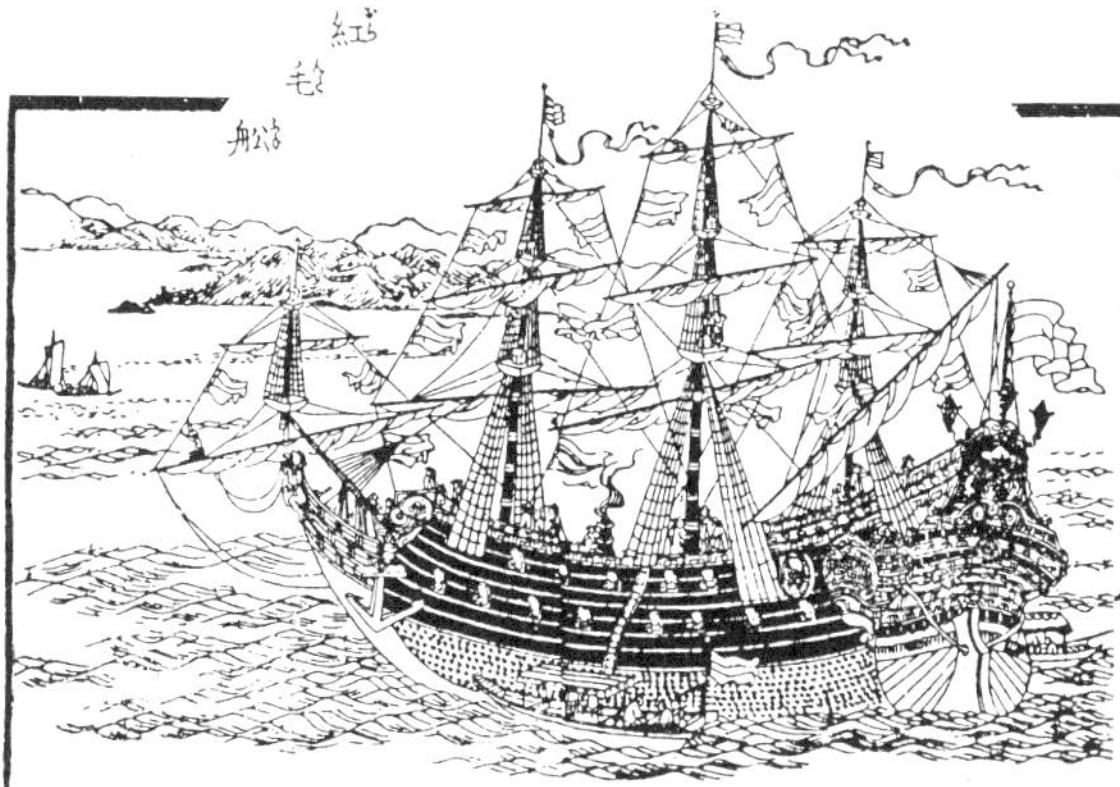

3　紅毛（おらんだ）船（『日本山海名産図会』蔀関月画、天保 11〔1840〕年）

2　木鉢浦阿蘭陀難船（『長崎名勝図絵』文政期〔1818 ～ 30 年〕）

琉球は日本より大陸文化の影響が強かった

西海道〈琉球〈沖縄〉〉

　今では、東京都内だけではなく、地方の県庁所在地などの都市でも、「コリアンタウン」と呼ばれる街角をよく見かけるようになった。商店街に空き家があって、そこを韓国・朝鮮人が借りると、その隣の人たちがすぐに引っ越していくのだという。すると、そこに韓国・朝鮮人の友人や知り合いが入居するから、二、三年もするとコリアンタウンが出来上がるのである。

　韓国・朝鮮人の女性は大変に働き者である。反対に男性は「意地でも労働などするものか」といった感じなのである。コリアンタウンの人たちはほとんどが自営業者であるが、そのような店に行ってみるとよくわかる。店先で男性が暇そうにタバコを吸っていても、用件を聞くことはまずない。かならず女性が奥の方から出てきて用件を聞く。戦前の日本もそうだったが、アジアの諸国は男尊女卑の国々ばかりなのである。日本の場合には、一九六〇年代末期の全共闘運動のなかで男尊女卑が否定されたといってよい。

　この絵（図1）には、そのようなアジア諸国における女性のあり方と同様の様子が描かれている。描かれている女性の服装はいわゆる和風ではなく、大陸文化を思わせる。髪型も同様である。韓国・朝鮮式に片膝を立てて座っている姿は当時の女性の一般的な座り方であり、この姿勢は立つのにかなり楽なのである。正座が一般的になるのは、じつは太平洋戦争中に礼法が国によって定められてからである。

　この市では、古くは中国銭を使っていたが、江戸時代になると寛永通宝が多く使用された。中国銭の永楽通宝や洪武通宝などは、本土でも中世土豪の館跡や墓を発掘調査したときに出てくることがある。

2　屋宇の図（『琉球談』）

1　女市（上・下図）
（『琉球談』寛政 2〔1790〕年）

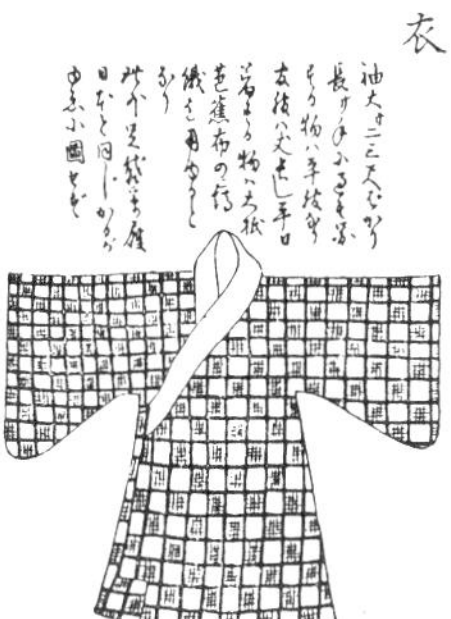

3　官人の平服（『琉球談』）

第3章　都市と村のくらし

江戸時代の度量衡は「おおよそ」という面もあった

江戸時代の度量衡（図1〜8・10・11）の計量単位は尺貫法である。これは長さの単位である尺《しゃく》と、重さの単位である貫《かん》が基本となっている。一貫は銭貨一千枚の重さのことで、一尺というのは前腕の長さをいった。これらは人々の日常生活にもとづいた度量衡だったからわかりやすかった。重さでは、一貫が一〇〇〇匁《もんめ》で三・七五キログラムに相当する。一匁は三・七五グラム。長さでは一尺は三〇・三センチであり、一間は六尺で一・八二メートルという基準があった。ただし長さについては一応の目安と考えた方が良い。全国各地の長さの実測値は、微妙に違っていたからだ。

しかし、重さは比較的一定していた。ここに描かれているのは、両皿天秤《てんびん》といわれる秤《はかり》を使っている両替屋（図6）と、棒秤《ぼうばかり》を使用している薬屋（図4）である。棒秤は一匁とか五匁とかの重さの分銅があり、棒には一匁ごとに目盛りが刻んであって、分銅を左右に動かしながら重さを量った。重さが釣り合えば、棒は水平になる。両皿天秤の方は、片方の皿に一匁とか五匁の分銅を入れておき、分銅の重さと同じ重さになるように載せる銭の量を調節したのである。こちらも重さが釣り合えば皿が水平になる。米などの体積を量る時には枡《ます》（図12）を、重たいものを量るときには、棒が太い棒秤を使用した。分銅も一〇貫とか五貫という重いものを使った。これらの計量単位は明治八（一八七五）年に統一されるまで使用されていたが、最終的には昭和三十四（一九五九）年にメートル法が採用されて消滅した。なお、参考に江戸時代の貨幣の単位を示した（図9）。

2　正方儀使用図
（『量地図説』嘉永 5〔1852〕年）

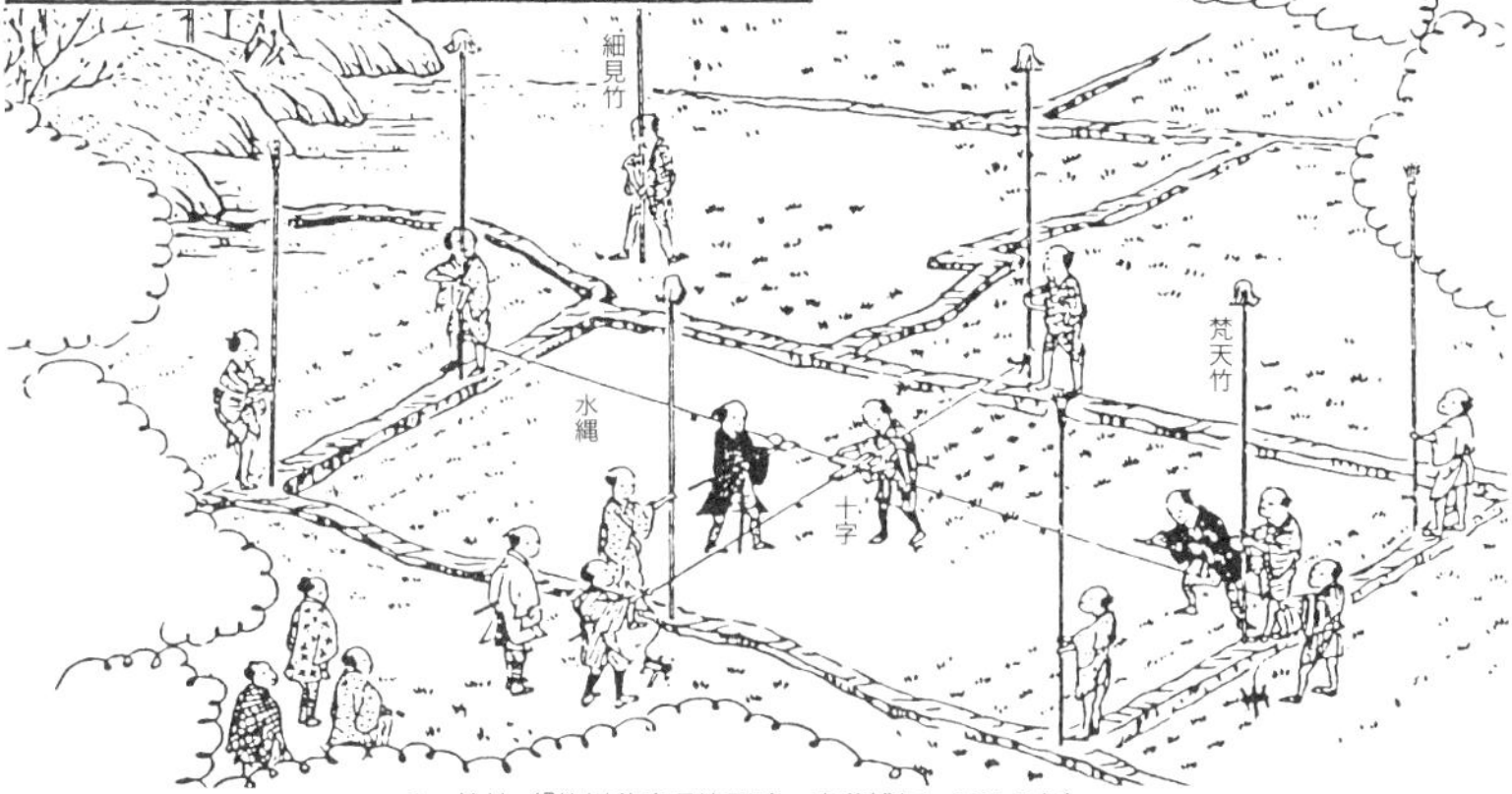

1　検地（『徳川幕府県治要略』安藤博編、1915 年）

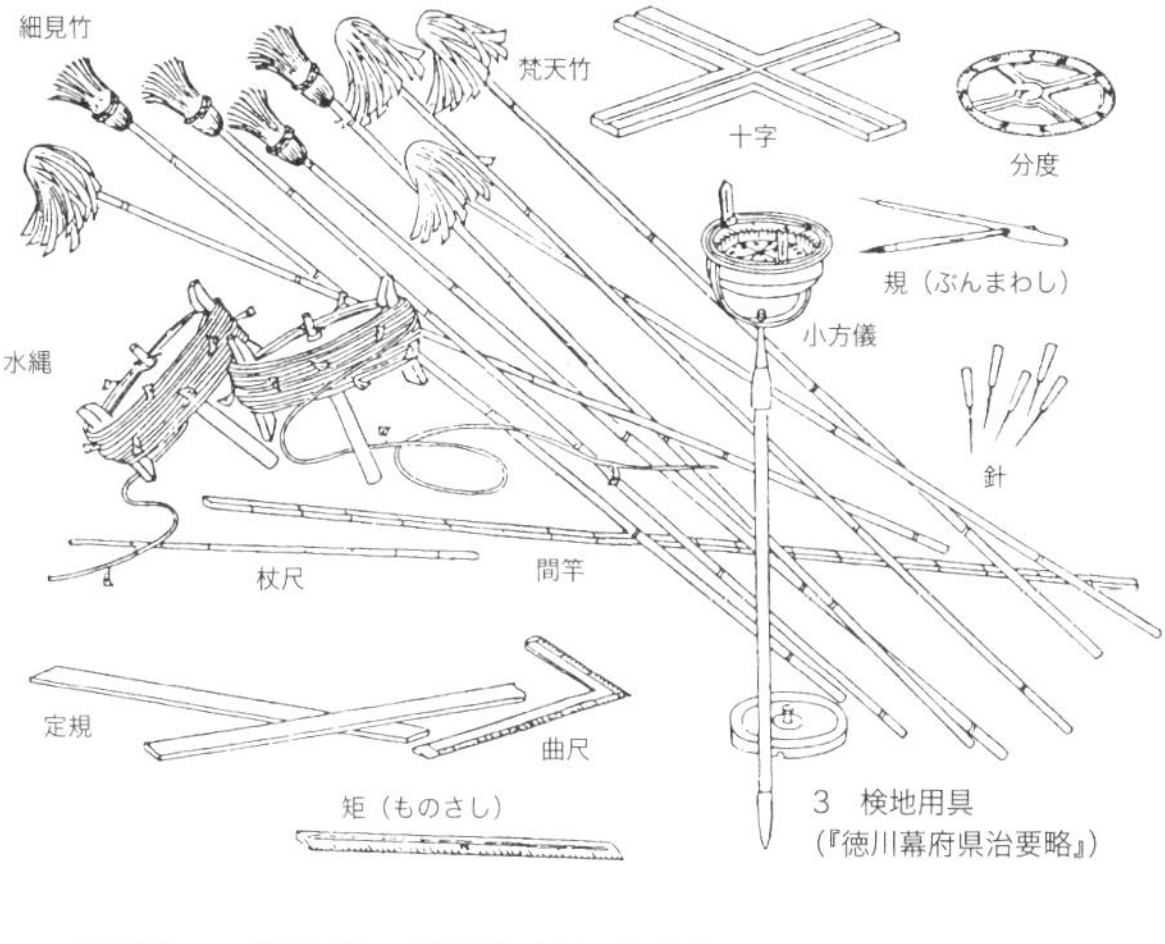

3　検地用具
（『徳川幕府県治要略』）

【長さの単位の比較換算表】
1 尺＝約 0.30m
1 間＝ 6 尺＝約 1.8m
1 町＝ 60 間＝約 109m
1 里＝ 36 町＝約 3.9km

【面積の単位の比較換算表】
1 歩（坪）＝約 3.3 ㎡
1 畝（せ）＝ 30 歩
＝約 99 ㎡
1 反（段）＝ 300 歩
＝約 990 ㎡

5　雑貨を量る天秤
(『人倫訓蒙図彙』元禄期〔1688～1704年〕)

4　薬袋を天秤で量る薬種屋（上・下図）
（『絵本士農工商』元禄期（一六八八～一七〇四年））

「天秤」は中国では「天平」と略して呼ばれ、これが日本に伝わって「天秤」となった。『古今要覧』の「器材天平」の項には「天平は江戸に六百四十余あり、是両替屋の法器にして私ならぬものなれば、他に用ゆることをゆるさず、その法は即明の天平を用ゆるなり」とある。薬種屋は薬は軽いので、おそらく両替屋より細かい単位の分銅をつかったものと思われる。

6　両皿天秤で量る両替屋（『絵本士農工商』元禄期〔1688 ～ 1704 年〕）

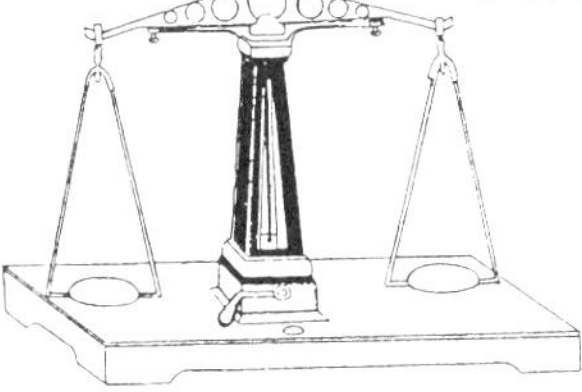

8　様式天秤（『法規分類大全』内閣記録局、1889 ～ 91 年）

【重さの単位の比較換算表】

1 貫＝ 1000 匁＝約 3.75kg
1 匁＝約 3.75g
1 斤＝ 160 匁＝約 600g

7　白粉師（『法職人尽発句合』寛政 9 年〔1797〕年）

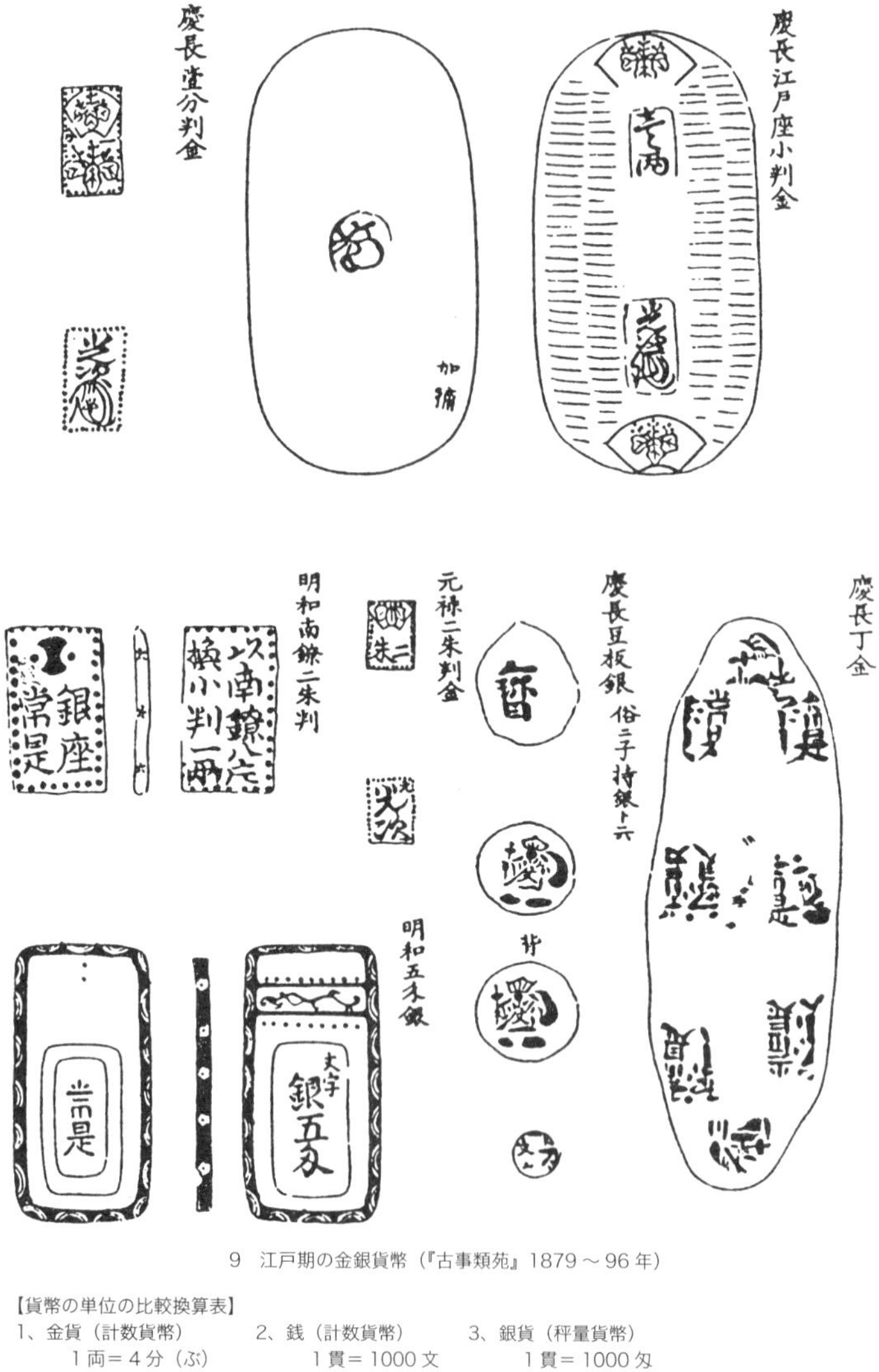

9　江戸期の金銀貨幣（『古事類苑』1879～96年）

【貨幣の単位の比較換算表】

1、金貨（計数貨幣）　　2、銭（計数貨幣）　　3、銀貨（秤量貨幣）

1両＝4分（ぶ）　　1貫＝1000文　　1貫＝1000匁

1分＝4朱　　1匁＝10分（ふん）

1分＝10厘

1厘＝10毛

10　貢納米の計量『絵本士農工商』元禄期（1688 ～ 1704 年））

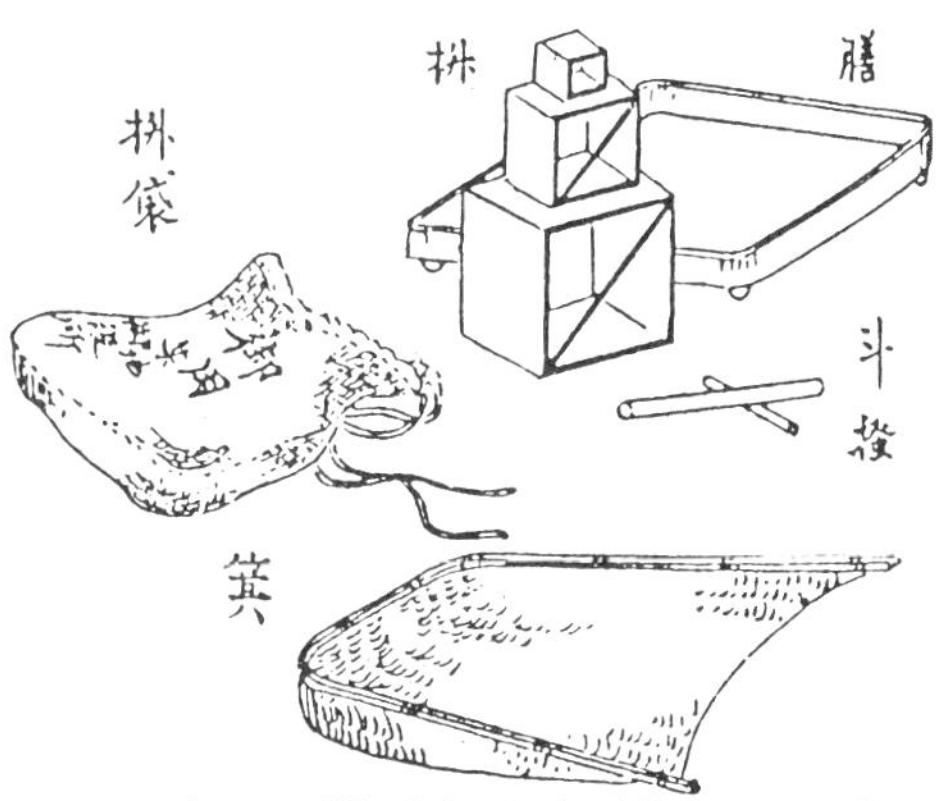

11　検見用具（『徳川幕府県治要略』安藤博編、1915 年）

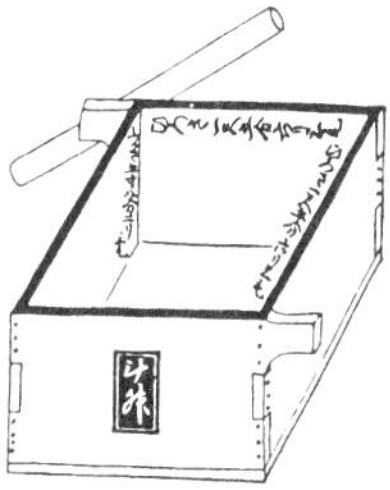

一斗枡『塵劫記』

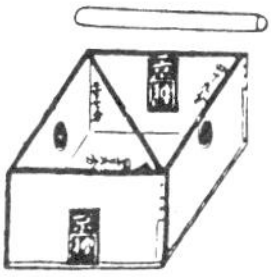

一升枡『塵劫記』

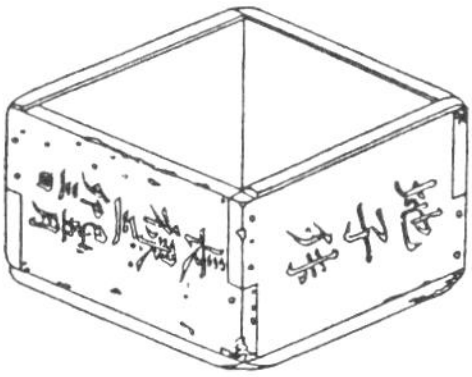

地子枡一升量『大日本租税志』

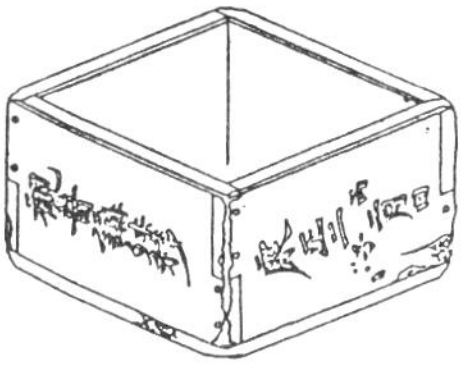

観音講枡一升量『大日本租税志』

12　枡のいろいろ

【体積の単位の比較換算表】

1 升＝約 1.8 ℓ
1 斗＝ 10 升＝約 18 ℓ
1 石＝ 10 斗＝約 180 ℓ

覗きからくりは幕末から明治にかけて流行した

高齢者なら、縁日などで覗きからくりを見たことがある方もいるのではないだろうか。昭和に入ってからの覗きからくりは、バナナの叩き売りと同様の口上を述べながら、からくりの内容について講釈をしていた。口上の多くは、江戸時代以来、中世にはやった説教物から採った物語や人生の教訓を内容としていた。覗きからくりは、大道芸の見世物としてはかなり有名である（図1・2）。そのためにいろいろな史料にも残されることとなった。最初は、ひとつの穴を覗いて、何枚かの絵を糸で操って見せるだけだったようだが、しだいに手のこんだ内容になっていき、絵が回転してひとつの物語を構成するようになった。たいていの場合、からくりを見せると同時に、何かの品物を売っていた。

なぜ「覗きからくり」という名称になったかというと、すき間から見るからである。『源氏物語』の「若紫」の段に、「人々は帰したまひて、惟光朝臣と、のぞきたまへば」とある。覗きからくりは狭い穴から中を覗くから、このような名称になったらしい。

からくりの穴のガラスは、最初は凸面鏡や平面鏡などを使っていたらしい。江戸時代には、鏡は一般的には銅製だったが、小さい手鏡は作られていた。ただし、大きな鏡は技術的に作れなかったようである。

小さな手鏡は「うぬぼれ鏡」といった。覗きからくりの中は暗かったから、江戸時代には照明としてロウソクを用いた。からくりはゼンマイを利用して何枚かの絵を回転させていたが、これが後のアニメ動画になっていったと考えて良い。

1　覗きからくり（『絵本御伽品鏡』長谷川光信画、享保十五（一七三〇）年）
図中には「のぞき　のぞきをば見るは若輩らしけれど女中の笠の内ぞ目がゆく」とある。

2　覗きからくり（『絵本家賀御伽』長谷川光信画、宝暦二（一七五二）年）
図中には「名所を見せるのぞき　景色をたつた一目に見たるとはのぞきの中の山河やいふ」とある。

猫の目は時計代わりになった

江戸の町には上野や日本橋、浅草や新宿など十一か所に「時の鐘」が設けられていた。高禄の武士や大商人などの富裕層の一部は時計（図1・2・4）を使用していたが、農村には時計はほとんどなかった。農村では朝明るくなると起きて、暗くなったら寝るという生活をしていた。菜種油の灯油代やロウソクはかなり高価だったから、なかなか買えなかったのである。

驚く方もいるかもしれないが、「時の鐘」のない農村では、身近に時を知る方法として猫の目（図3）の変化をひとつの目安として利用していた。猫を飼っているとよくわかるが、猫の目はつねに瞳が大きくなったり小さくなったりしている。この瞳の変化が時を知らせる時計代わりだったのである。猫の目は「六つ丸く、五七は卵、四つ八つは柿の実にて、九つは針」と変化する。六つというのは六つ時のことで明け方の六時ころ(夕方も同じ)になる。五つ時というのは朝の八時ころ(夕方も同じ)、七つ時は朝の四時ころ(夕方も同じ)、四つ時は朝の十時ころ（夜も同じ)、八つ時は午後の二時ころ（夜は午前二時ころ)、九つというのは昼の十二時（夜も同じ）のことである。

江戸時代には、現在と違って犬は放し飼いで、猫はつないで飼われていた。これは猫を時計代わりにしていたことと関係があるとも考えられる。「この六つ丸く」という猫の目の変化を利用していたのが忍者だった。にわかには信じ難いかもしれないが、忍者というのは、他人の家の屋根裏に潜んで何日か過ごさねばならないこともあったから、その時に時計代わりにしたのが猫の目だったのである。

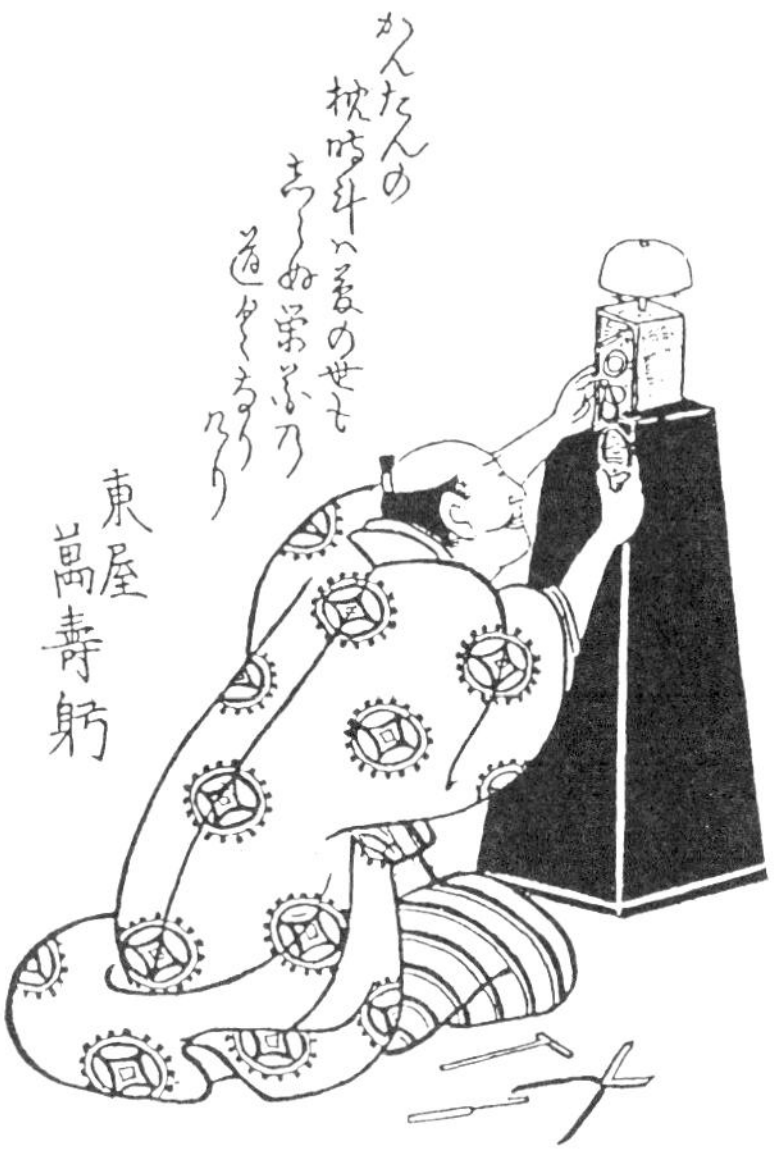

2　時計師『略画職人尽』文政９〔1826〕年）

1　時計師『人倫訓蒙図彙』元禄期〔1688 ～ 1704 年〕）

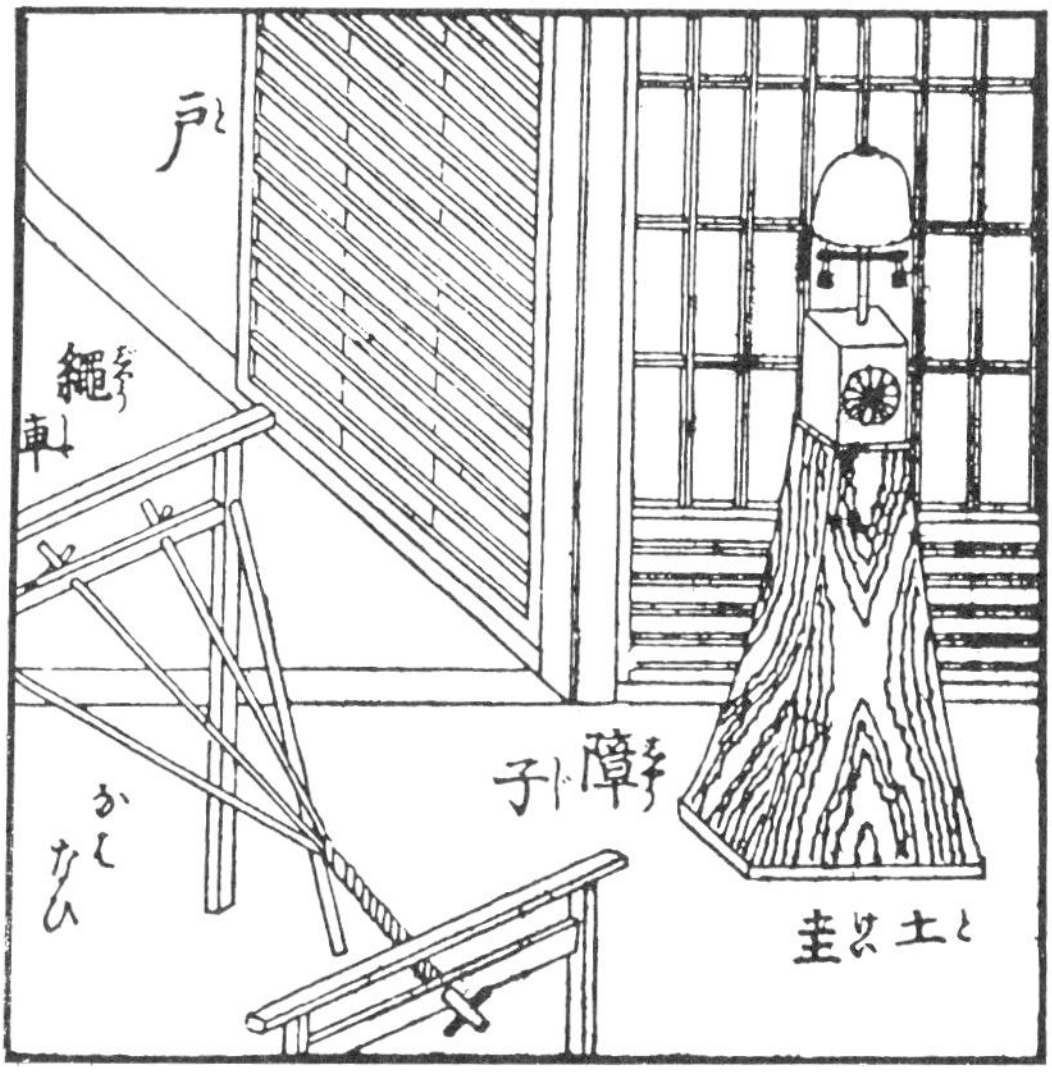

3　猫の目（明治期挿絵）

4　櫓時計
（『頭書増補訓蒙図彙大成』
寛政１〔1789〕年）

修験者のなかにはかなり怪しげな者達もいた

江戸時代の農民は、自分達の権利が脅かされたり、侵害されたりしたときには、ぎりぎりまで耐えたが、実力で立ち向かうことも辞さなかった。相手が幕府であろうと領主である藩の権力であろうと、何もしないでただ耐えているということはなかった。そのために、一揆や打ち壊しなどの実力闘争も行ったのである。一揆の首謀者と目された者が磔《はりつけ》・獄門になっても、後に「神」として祀られることが約束されていたから、首謀者が逃げ回るようなみっともないことはまずなかったのである。

しかし、一揆を起こした側が、自分達の要求のかなりの部分で妥協せざるをえなかったり、要求が簡単に受け入れられずに闘争が長期化した場合には、相手を集団で呪詛《じゅそ》して威嚇することも忘れなかった。その時に、呪詛の依頼を受けたのがこの絵に見られるような修験者（図1）だったのである。日本における僧侶というのは、民衆に対する仏教思想の啓蒙・啓発がおもな役割であったが、それだけではなく、呪詛や折伏《しゃくぶく》も重要な役割であった。だから、自分達の教義と相入れない集団や人に対しては、積極的に呪詛も行ったのである。

江戸時代には、出家・山伏・修験者に対しては定住化政策がとられたが、それでも全国各地を漂泊して歩く山伏や修験者は存在していた。無住の寺や神社に入り込んで、勝手に定住し始めた者もかなりいたのである。このような者達が依頼されて呪詛を行っていた。江戸時代には寺も神社も未分化だったから、寺にいた者だから僧侶であったとはかならずしもいえないのである。

1　呪術師（『天狗通』平瀬輔世、安永 8〔1779〕年）　図中には「釜をならす術とにえ湯を入れて熱からぬ術」とある。

2　仏像の入った厨子を担ぐ喜捨で暮した六十六部（『江戸名所図会』斎藤月岑、長谷川雪旦画、文政 12 ～天保 7〔1829 ～ 36〕年）

江戸や京都には「耳垢取《みみあか》り」という商売があった

江戸の昔には、「耳垢取り」という商売があったと記録にある。耳掃除は他人様にやってもらうとものすごく気持ちが良い。風俗産業では、いまも耳掃除は重要なお仕事のひとつらしい。そんなところに江戸の知恵が生き残っている。

『江戸鹿子』（貞享四〈一六八七〉年）に「耳の垢取、神田紺屋町三丁目長官」とある。同じ時代の京都にも同様の商売があったらしく、『京羽二重』（貞享二〈一六八五〉年）には「耳の垢取、唐人越九兵衛」とある。このような商売は元禄〜正徳年間（一六八八〜一七一六）ころまであったらしい。元禄ころにはこの絵のような服装であろうか、「紅毛人（オランダ人）のかたちに似せて」という格好をしていたようだ。地方では、もう少し後の享保年間（一七一六〜三六年）ころまで耳掃除を生業とする人々がいた。

榎本其角という松尾芭蕉の門下生が「観音で 耳をほらせて ほととぎす」と詠んでいる。これは耳垢取りを詠んだものである。其角は江戸時代前期の俳人で、後に宝井其角と名のった。

この絵（図1）は山東京伝の随筆集である『骨董集』（文化十一〈一八一四〉年）に載っている。京伝は芸能・遊芸・服装などの近世の風俗考証に深い関心があった。時代はすでに幕末を迎えていて、戦国時代から近世にかけての風俗の変遷についてもわからなくなっていたらしい。それを京伝は、文章だけでなく、絵によっても考証しようとしたのであった。この分野に対する京伝の情熱は並大抵《なみたいてい》のものではなかったらしく、曲亭馬琴は「京伝は骨董集と討ち死にしたようなもので、熱心のあまり命を縮めた」と書いた。

1　耳垢取古図（『骨董集』山東京伝、文化10〔1813〕年）

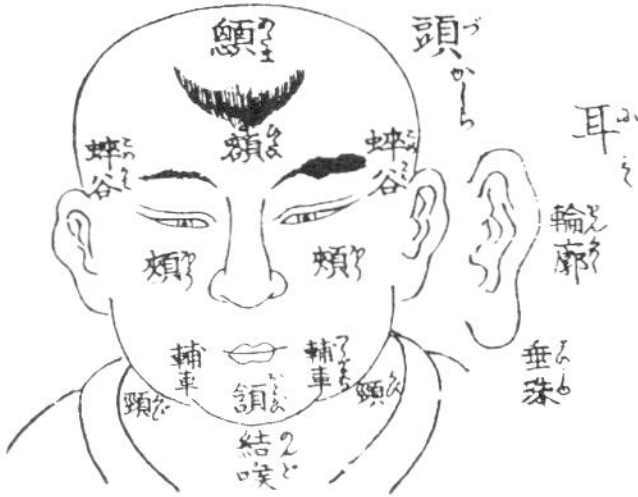

2　顔の部位名称（『頭書増補訓蒙図彙大成』寛政1〔1789〕年）

江戸後期にはすたれていた「お乳母《んば》日傘《ひがさ》」という諺の意味とは

現在八十歳くらいから上の人々と話をしていると、「お乳母日傘」（図1・2）という諺がよく口の端に出てきたものであった。山東京伝の『骨董集』によれば、江戸時代の後期には、すでにこの諺は「今はたえて諺のみのこれり」とある。しかし京伝さんには申し訳ないが、この言葉はつい最近まで生きていた。

『骨董集』には「お乳母日傘といふ諺　今の世、いやしき者の人にほこるに、お乳母日傘にてそだちたる者ぞといふ諺あり。昔は乳母をめしつかふほどのしかるべき者の児には、日傘をさしかけさせたるゆゑにさはいふめり。そのからかさは、丹青もてさまざまの絵をかきしなり。ことに菱川（師宣《もろのぶ》）が絵におほく見えて、延宝、天和、貞享、の比もはらもちひたり。これ近き世までもありしが、今はたえて諺にのみのこれり」とある。この絵に見られるように、外出には日傘をさしかけられて、大事に育てられている子ども、という様子がよくわかる。この事から、「このように大事に育てられた私は、皆さんとは氏も育ちも違うのですよ、世が世なら口も聞いてもらえないのだよ。それなのに口を聞いてやっていることだけでもありがたく思いなさい」という身分意識がかなり強かった時代の諺であろうことは間違いない。

明治以降には、子守をしている女の子の写真がよく残っている。しかしお乳母日傘で育った人の話には、子守をしてもらったという話はほとんど登場しない。たいていが乳母車である。お乳母日傘の内実は、少しずつ変化したものと見られる。乳母が登場するのは古代以来、宮廷社会であり、江戸時代にはおもに将軍家や大名家、豪農、豪商などがこれにならったようである。

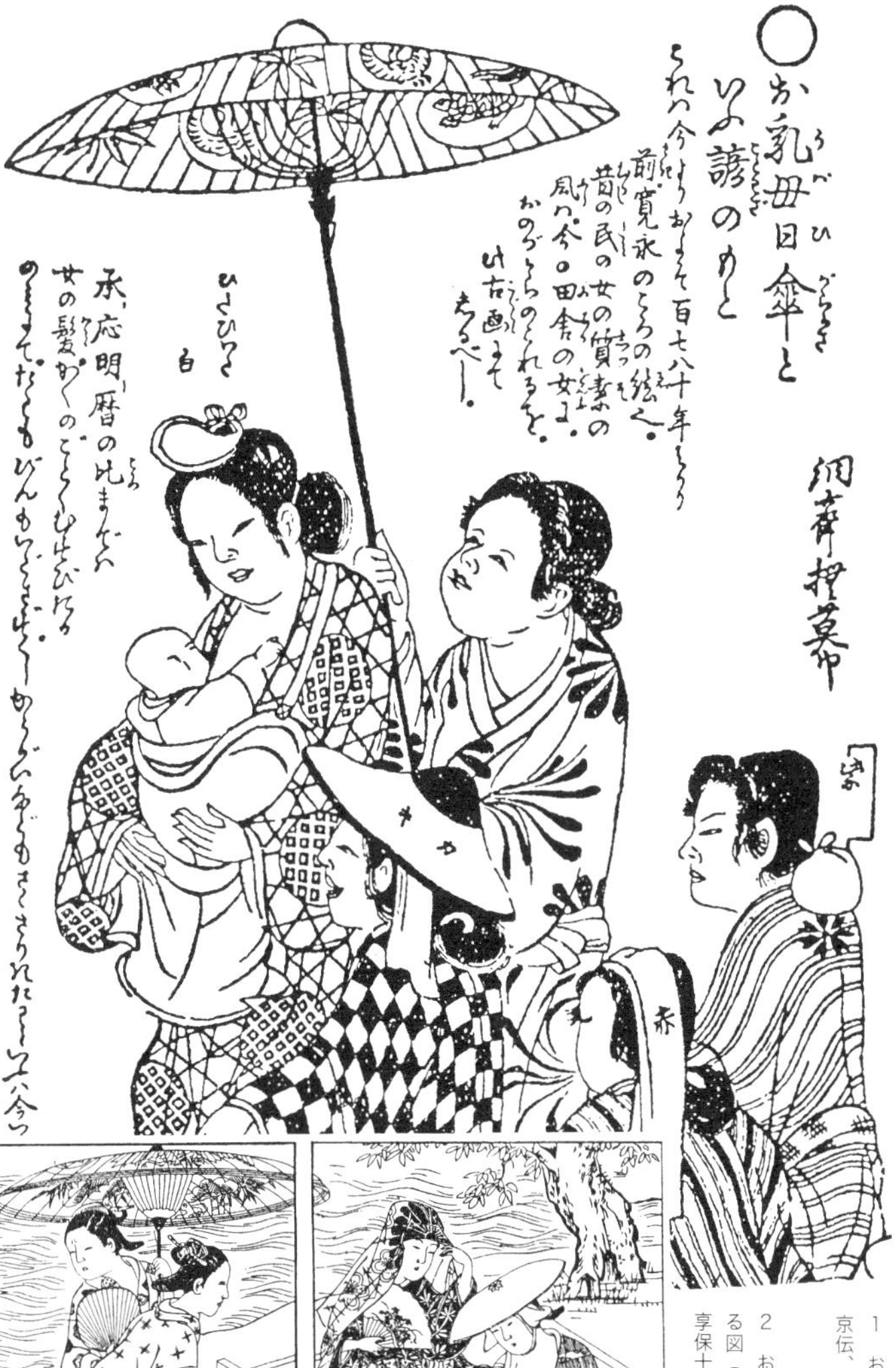

1　お乳母日傘（『骨董集』山東京伝、文化十（一八一三）年）

2　お乳母日傘と乳母と思われる図（『絵本常磐草』西川祐信、享保十五（一七三〇）年）

大道芸人もヤクザ映画のように仁義を切って商売をしたという

天下の往来は、参勤交代の大名や武士をはじめ、旅を楽しんだ民衆だけではなく、この絵（図1・2）にあるように大道芸人や願人《がんにん》坊主などの人たちも歩いた。この絵にある豆蔵は、今日でいう知恵の輪を抜いたり戻したりする大道芸人である。この場合には二人組だったらしく、一人は三味線を弾いている。このような大道芸人は、好き勝手にどこででも芸を披露して投げ銭などを取ったと思われがちであるが、実際には縄張りやしきたりがかなり厳しく存在した。

よくヤクザ映画では、左ひざの前に片手を出して「お控えなすって」と前口上して、自分の住所や氏名、親分（親方）の名前（組の名前）をいうシーンがあるが、あのような仁義は実際のヤクザはやらないそうである。だが、ここに描かれているような大道を生きる場にしていた芸人たちは、ヤクザ映画にみられるような仁義を切ったという。そうすると相手も同じように仁義を返してきた。そして、自分の縄張りで商売をしている同業者がいると、縄張りの外へ追い払ったのである。ただし、自分と同じ組の者だと、もっと儲かる場所を教えたという。

大道芸人は、たいていの場合、服装が派手である。その理由は、なんといっても目立たないと商売にならなかったからである。この絵の場合では、大きな輪を操っている人はかなり派手な服装のようだ。また、瞽女《ごぜ》は例外として、女性の大道芸人はほとんどいなかった。夫婦で芸の商売をするようになるのは明治以後のことである。

1　大道芸人の豆蔵と願人坊主（『諸国道中金の草鞋』十返舎一九、文化 11 年〔1814〕年）

2　大道芸人の豆蔵（『絵本御伽品鏡』長谷川光信画、享保 15〔1730〕年）

街道の松並木は霊験あらたかな非常食でもあった

江戸時代は、整備された五街道をはじめ、地方道でも松並木はよく見られる光景であった（図1・2）。松は武家屋敷や寺社の境内にもよく植えてあったが、それには理由《わけ》があったのである。

日本では、仙人になるには岩屋で修行して松の葉を食い、清水に入って身を清めなければならないと信じられていた。松の葉と清水が、超能力を得るための必須の条件と古代から信じられていたのである。仙人は、もともとは道教で仙術を体得した超能力者を意味するが、日本の場合には山岳で修行して優れた呪力・験術《げんじゅつ》を体現した密教行者をいった。『日本霊異記』によれば、すでに奈良時代には、松の葉と水だけで空を飛ぶ仙人になれると広く信じられていたらしい。だから実際に松の葉を食べる者がいたのである。

松の葉を細かく刻み、粥や水・酒に混ぜて毎日飲むのである。松の効用は幅広く、松の葉を煎じて飲むと膝関節症やリウマチによく効くとされ、松の葉を食べていると病気になりにくく、不眠にならず、力強くなり、髪が黒くなるといわれた。さらに、声が良くなり、身が軽くなり、延命効果があり、知恵が働き、色が白くなるともいわれた。

松の葉と食べ合わせてはいけないのは塩とミョウガで、食べ合わせても良いのは蕗《ふき》・レンコン・ゴボウ・長薯・餅だという。運悪く道に迷ったり、金がなかったりした場合には、松の葉があれば命が繋げたのである。松の木の瘤《こぶ》になっているところからは樹液としての蜜が採れ、松の皮をはがすと薄い甘皮があるから、これを食べても空腹はしのげたのである。凶作のときにも松の甘皮は食べられた。

1　八景坂鎧掛松（東京大森辺の丘陵）（『江戸名所図会』斎藤月岑、長谷川雪旦画、文政 12 ～天保 7〔1829 ～ 36〕年）

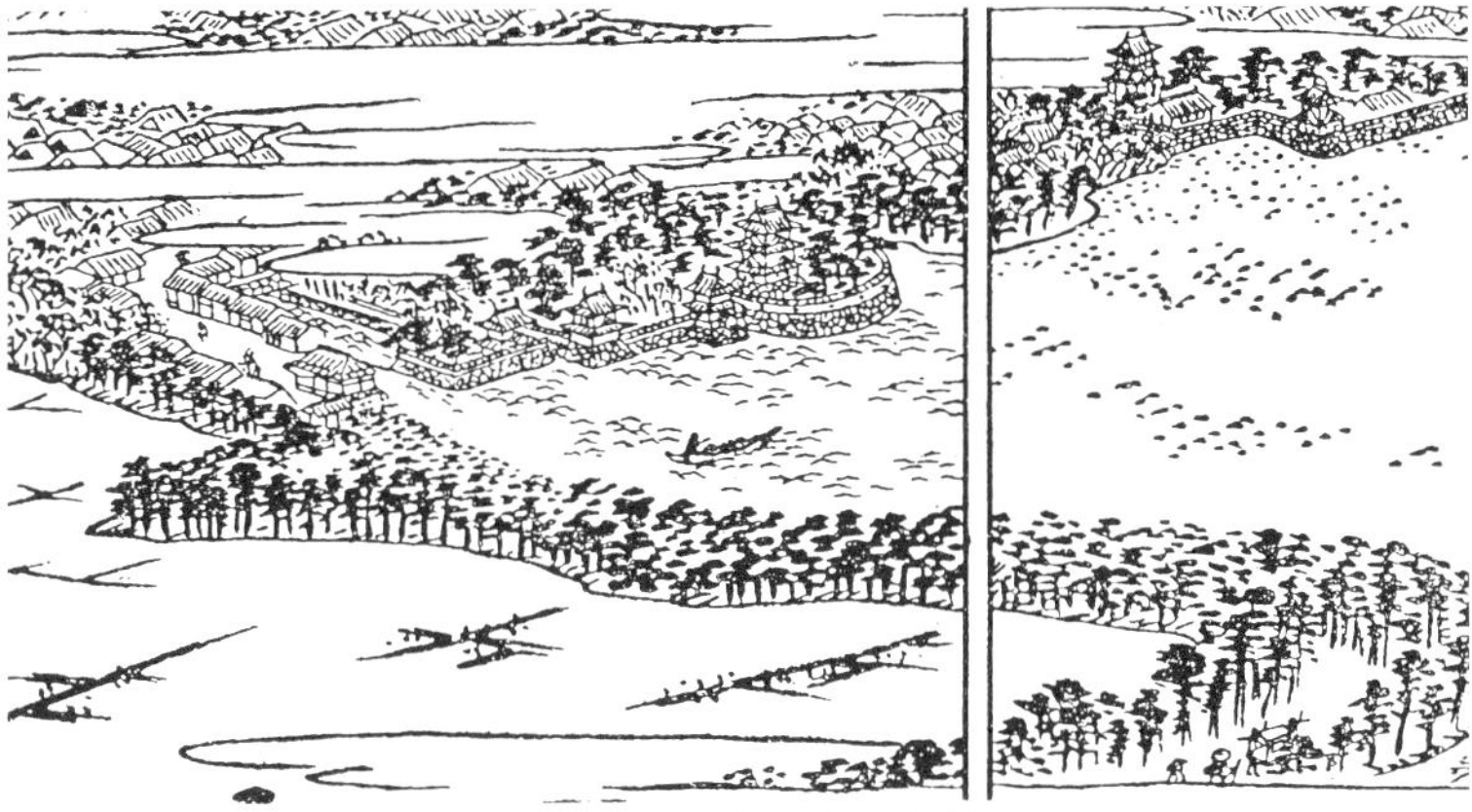

2　粟津松原（大津市）（『東海道名所図会』秋里籬島画、寛政 9〔1797〕年）

描かれている絵がすべて正しいとは限らない

江戸の昔に描かれた絵は、専門の絵師が実際に見て写生をしていない場合がよくある。ここに掲げた絵（図1）で検討してみたい。よく見られる農作業のうち、稲刈りを描いている。何も問題がないように見えるが、細部を見るととんでもない絵なのである。

まず、稲刈りをしている人々が誰も手甲《てっこう》という稲の葉除けをつけていない。これでは稲の葉で手首や腕にかなりのスリ疵《きず》ができたはずである。また、刈り取られた稲を束ねている人は稲の中央部分を束ねている。この束ね方では、竹や棒に吊るして干すにしても干しずらかったであろう。干すとすれば、絵の上の方に置かれている稲束のように、刈り取った稲の根元の方を束ねないと稲の穂先が乾かない。稲を束ねている男性の横に置いてある稲束は、持ち運びにも余分な労力が必要であったはずである。稲扱《こ》きにも不便だったろう。

細かい点で奇妙なところはまだあって、稲刈りをしている人々は、下図（図2）のように襷《たすき》掛けもしていない。これでは、袖がじゃまになって動きにくかったであろう。頭に饅頭笠《まんじゅう》をかぶるのは、稲刈りのホコリ除けとともに、天気が良ければ日除けになったし、天気が悪ければ傘の役割を果たした。ホコリ除けでは、絵の一番左側に描かれている人のように、ホコリ除けに帽子のようなものを被ったりもした。これは農作業の姿として正しい。道路を歩いている女性が、頭の上にものを載せて運んでいるのも、当時の風俗としては正確である。子どもが腹掛け一枚で描かれているのも同様である。

1　秋の稲刈り（『大和耕作絵抄』石川流宣画、元禄期〔1688～1704年〕）図中には「一粒で百姓ばいの取実かな」の俳句がある。

2　欅掛けと布被りで脱穀・調整をする女たち（『絵本士農工商』元禄13〔1700〕年頃）

足桶は農業にも合戦にも威力を発揮した

現在では、どんな野菜も四季を通じてスーパーの店頭に並んでいるから、旬という感覚がなくなってきている。しかし、ハウス栽培ではない野菜は、年間を通じて何度も収穫できるわけではない。この絵に描かれているころの大根は、ほとんどが冬に収穫された。

大根の花は白く、初夏に実をつけるから、その種を蒔いておくと冬に収穫できる（図3）。畑から引き抜くときには、大根が折れないように気をつける。畑の土が凍っているようなときに収穫できるのが大根だから、大根を抜くのにはちょっとした技術が必要なのである。特に路地物の大根はかなり柔らかい。だからていねいに扱わないと折れてしまう。折れてしまった大根は、干して漬物用にするか、切り干し大根にする。この絵（図1）のような大根を洗う作業は、市場に出すためと思われる。

大根や薬物を洗うのは、ほとんどが川での作業である。水道はなかった時代だから、川か井戸端が作業場になった。流れる川の水は冷たくて、身を切られるようである。人間は足が冷えると全身が冷えきってしまうから、このような足桶（図2）を利用して足だけは冷えるのを防いだのである。

この足桶は、戦国時代の合戦でもよく利用された。桶に石を詰めて川の中に沈めておくと、馬が桶に足を取られて転倒するのである。伊勢長島一揆のときに、織田信長軍を悩ませたのがこの足桶だった。一揆軍が川の中に桶を沈めておいて、信長軍を悩ませたのである。あるいは、川の中に綱を張っておいて、騎馬武者を落馬させたりして攪乱する戦法もとられた。

2　足桶（『農具便利論』）

1　足桶で大根を洗う（上・下図）（『農具便利論』大蔵永常、天保15〔1844〕年）下図の農夫は牛革製の綱貫きを履いている。

3　ダイコン（『成形図説』）

糸繰りは家内制手工業の象徴的な風景だった

繭《まゆ》から糸を採っているところである。繭は、煮出すと一本の糸になるから、それを糸車に巻つけていくのである。少し前までの農村ではまだ見ることができた手仕事である。このような糸繰りは、自家製の絹物を織るときに使うものと、問屋と契約して作業する場合とがある。自家製の絹物を織る場合には、玉繭などの、規格品としては売り物にならない繭を使った。『養蚕秘録』に描かれている女性は二人（図3）だから、自家製の織物に使用する糸繰りをしているのかもしれない。

それに対して、『蚕飼絹篩大成《こがいきぬぶるいたいせい》』（図1）では、糸繰りをしている女性が何人も描かれているから、おそらく問屋と契約した糸繰りと考えられる。というのは、繭の大きさがかなり揃って描かれていることと、一列に並んだ女性の背後にいる高年の女性らしき人が、一定の量になるように繭を計っているらしいからである。その斜めうしろには棒秤《ぼうばかり》らしき道具が描かれているが、繭を一定の量に計る必要があったからであろう。規格のそろった糸繰りをしていた証拠と見て良い。

養蚕をしていると、蚕から繭になるときに一定の大きさにならないクズ繭ができる。繭が大きくなり過ぎたり、逆に小さかったりすることはよくあった。そのようなクズ繭を専門に買い入れる業者がかなり以前からいたらしい。小さい繭でも糸を繋ぎ合わせれば絹として利用できたからである（図2）。ただし、絹織物として織りあげたときの製品としては二級品だった。それでも祭りなどに着て行くには十分だったのである。これらの糸繰りの様子は、江戸時代の家内制手工業の象徴的な風景だったといえよう。

1　繭から糸を採る（『蚕飼絹篩大成』小山寛嶺画、文化11〔1814〕年）

2　くず糸を繰る（『蚕飼絹篩大成』）

3　繭から糸を採る（丹波・丹後）（『養蚕秘録』享和3〔1803〕年）

糸祝いという養蚕行事は農山村経済の基盤をあらわしていた

糸祝いという養蚕にまつわるお祝いの様子を描いたものである（図1）。ただ、この絵を見ているかぎりでは農家には見えないのである。農家には、どのような大きな農家でも、農家特有の雰囲気というか間取りがあり、道具類や調度があるものなのだが、この絵にはそれがない。

ここに描かれている人々は、皆かなりの厚着をしている。餅つきをしている男は上半身裸だが、餅つきはかなりの力仕事であるから、このような格好なのはやむを得ない。魚を商いにきた男は、尾頭《おかしら》付きを差し出している。いかにもお祝いの品にふさわしい魚である。まちがいなく鯛であろう。

絵の上の方には、天秤秤で何か計っている男がいる。砂金か銀かもしれない。大きな農家でも、このような金勘定はまずしない。この絵に描かれているのは、繭《まゆ》や絹を取り引きしている商人の家なのではないか。それもかなり大きな構えの家である。おそらく晩秋蚕が済んだころに行われた糸祝いの行事を描いたものであると考えられる。

江戸時代には、山間部の山里でも養蚕は盛んにおこなわれていた。米作単作地帯では米しか作れなかったが、畑がある農村ならば、まず間違いなく養蚕が行われていた。

地方《じかた》文書には、旗本の経済が破綻して領地の村に借金を申し込むと、村は三〇両とか五〇両という金を用立ててやるのだが、その金を養蚕で得た金で支払ったという記述がみられる。養蚕はそれだけ盛んに行われていたのであった。

1　糸祝い（養蚕が終わったことを祝う行事）
上・下図（『養蚕秘録』享和三（一八〇三）年）
魚の行商人がお祝い用に料理する巨大な鯛を掲げている。

2　京都西陣の機織り
（『日本山海名物図会』
宝暦4〔1754〕年）

御簾《みす》編みも俵編みも同じ作業工程で作られた

御簾というのは簾《すだれ》の尊敬語である。『枕草子』に、「雪のいと高う降りたるを」という段に、「御格子上げさせて、御簾を高く上げたれば」という用例がある。簾には細く削った竹や葦などを使用した。この絵（図1）に描かれているのは細く削った竹と思われる。竹ならば高級品であったろう。『源氏物語絵巻』などに描かれているのが御簾である。大衆が利用したのは葦や茅で作られた簾である。

この絵に見られるように、簾を編むときには、編む材料の竹や葦を一本ずつ重ねるたびに、糸が巻きつけてある団子のようなコマを手前に戻したり、向こう側に垂らしたりして編んで行くのである。だから時間がかかった。

農村では、ものを包んだり家の中に敷いたりする筵《むしろ》を編む（図2）ときも、簾の編み方と同じ方法で編んだ。家の中には筵だけではなく、薦《こも》と呼ばれる敷物を敷いたが、薦も簾と同じ編み方をした。

一九六〇年ころまでは、米を詰めたり運んだりするには俵を用いたが、俵も簾と同じ方法で編んだ。この絵（図1）では、簾編み専門の職人がやっているが、薦や筵、俵を編むのは農家の夜なべ仕事であった（図3・4）。編む道具はじつにかんたんな仕組みで、単純にいえば横に棒が二本伸びているだけ、といってよい。横に伸びている棒の長さが一間ならば、それだけの幅の簾が編めたのである。編む幅は調節できた。

簾といっても最近はナイロン製のものなどが出回っているから味気ないが、少し前の時代には手仕事が全盛だったのである。

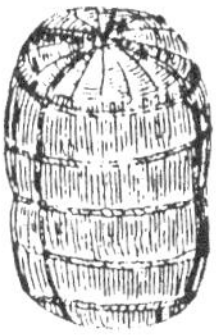

3　俵（『成形図説』文化 1〔1804〕年）

4　俵編み（『紙漉重宝記』国東治兵衛、寛政 10〔1798〕年）

1　御簾編み（『彩画職人部類』明和 7〔1770〕年）

2　農家の筵（むしろ）織り（『広益国産考』大蔵永常、天保 15〔1844〕年）

著者　本田　豊（ほんだ・ゆたか）

1952年、埼玉県生まれ。部落問題論・被差別社会史論専攻。30年間余をかけて日本国内の部落といわれている地域を約4000カ所、またインド各地のスラムを歩き、その実態を調査。

【主著書】『江戸の非人』（三一書房）、『江戸の部落』（三一書房）、『被差別部落の民俗と伝承』（三一書房）、『新版　部落史を歩く』（亜紀書房）、『部落史から見た東京』（亜紀書房）、『白山神社と被差別部落』（明石書店）、シリーズ『絵が語る　知らなかった江戸のくらし（全4巻）1〈庶民の巻〉2〈武士の巻〉3〈農山漁村の巻〉4〈諸国街道の巻（本書）〉』（遊子館）など

【編著】『差別史史料集成（近現代編1・2）』（科学書院）、『差別史史料集成（現代編）』（科学書院）、『差別史史料集成（前近代編1）』（科学書院）、『近世絵図地図史料集成』（科学書院）

遊子館 歴史選書13

絵が語る
知らなかった江戸のくらし〈諸国街道の巻〉

2009年11月16日　第1刷発行

著　者　　本田　豊
発行者　　遠藤　茂
発行所　　株式会社 遊子館
　　　　　107-0062　東京都港区南青山1-4-2八並ビル
　　　　　電話　03-3408-2286　FAX 03-3408-2180
印刷・製本　　シナノ印刷株式会社
定　価　　カバー表示

本書の内容（文章・図版）の一部あるいは全部を無断で複写・複製することは、法律で認められた場合を除き禁じます。
© 2009　Yutaka Honda　Printed in Japan
ISBN978-4-86361-002-6 C0021

◆好評発売中◆

絵が語る知らなかった江戸のくらし〈庶民の巻〉

本田　豊　著

遊子館歴史選書⑦

ISBN978-4-946525-90-2
〈日本図書館協会選定図書〉

七一話・三〇七点の絵が語る江戸庶民の意外な真実！見応え十分な「江戸の絵」から「なるほどそうだったのか！」と知る江戸庶民の生き様。

【項目の一部】大家は店子に冷たかった？／現代とは違った江戸のロボット歩き／獺も食べたという江戸時代のレシピ／火の見櫓・自身番と江戸のスパイ網／心中は失敗すると悲惨な目に遭った・他

四六判・二五六頁・定価（本体一八〇〇円＋税）

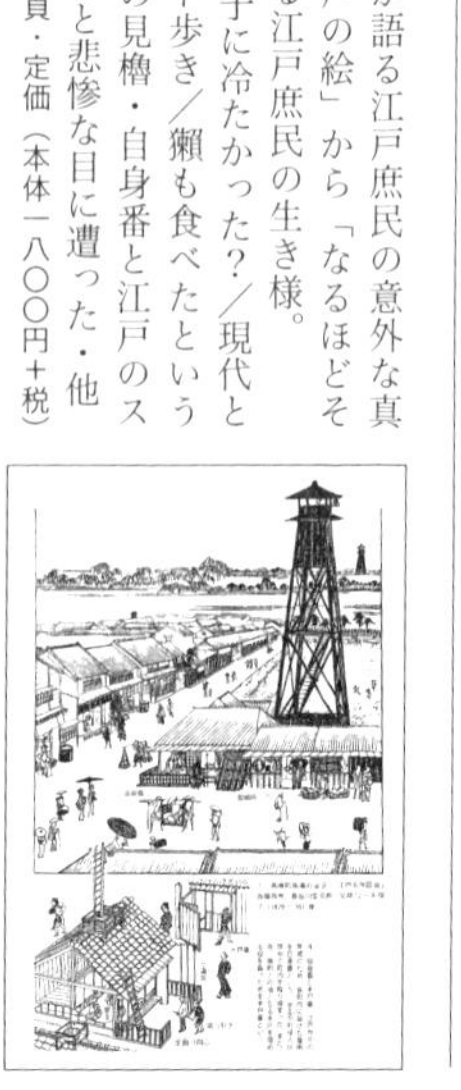

絵が語る知らなかった江戸のくらし〈武士の巻〉

本田　豊　著

遊子館歴史選書⑨

ISBN978-4-946525-93-3
〈日本図書館協会選定図書〉

一〇七話・二八七点の絵が語る武士の意外な素顔！歴史の死角を解く独自の視点で、江戸時代の「絵」に隠された武士のリアルな生活実態を解く。

【項目の一部】江戸と大坂では捕物のやり方が違っていた／山師といわれた平賀源内／首切り朝右衛門は製薬業も営んでいた／旗本屋敷は内職の見本市だった／下級武士のほとんどは梅毒患者だった・他

四六判・二四〇頁・定価（本体一八〇〇円＋税）

絵が語る知らなかった江戸のくらし〈農山漁民の巻〉

本田　豊　著

遊子館歴史選書⑪

ISBN978-4-946525-99-5
〈日本図書館協会選定図書〉

九九話・二九六点の絵が語る江戸の第一次産業を支えた自給自足社会の主役たち。フィールドワークで鍛えた著者が読み解く人と自然の共生社会。

【項目の一部】農作業は「遠くの親戚より近くの他人」意識を育てた／収穫高を上げる農家の工夫とは／苛酷な島差別を生んだ砂糖づくり／深山幽谷の岩茸採り／蛸は漁師の魔除けの食料だった・他

四六判・二四〇頁・定価（本体一八〇〇円＋税）